Maike Ruprecht

Laboralltag –
heiter bis wolkig

Erlebnisse einer anderen technischen
Assistentin

Bibliografische Information der Deutschen Nationalbibliothek:
Die Deutsche Nationalbibliothek verzeichnet diese Publikation in
der Deutschen Nationalbibliografie; detaillierte bibliografische
Daten sind im Internet über http://dnb.dnb.de abrufbar.
© 2023 Maike Ruprecht
Herstellung und Verlag: BoD – Books on Demand, Norderstedt
ISBN: 978-3-7460-9246-1

Inhalt

Vorwort

Alles begann in Berlin. Hier kam ich zur Welt, verbrachte meine Schulzeit, machte mein Abitur und wusste anschließend zweierlei:

Ich mag Naturwissenschaften, und ich mag nicht studieren. Also entschied ich mich für eine Ausbildung zur „Technischen Assistentin für chemische und biologische Laboratorien". Nach zwei Jahren Ausbildung in Organischer Chemie, Biologie, Physikalischer Chemie, Fachrechnen und Biochemie wurden wir in die Welt hinaus entlassen. Etwa die Hälfte meiner Ausbildungsklasse nutzte ihre Ausbildung als Basis für ein naturwissenschaftliches Studium, die anderen, so auch ich, sah sich auf dem Arbeitsmarkt um. Da in Berlin zu diesem Zeitpunkt nur berufserfahrene TAs unter 35 gesucht wurden, fand ich meine erste Arbeitsstelle in Bayern an der TU-München. Oder vielmehr in einer ihrer Zweigstellen in dem hübschen Ort Freising, gelegen ca. 50km nördlich von München.

Die Stelle war auf ein Jahr befristet danach fand ich Anstellung an der LMU-München. Ulkigerweise nicht bei dem Professor, der die Stelle ausgeschrieben hatte, sondern bei dem jungen Postdoc, der bei meinem Bewerbungsgespräch neben ihm gesessen hatte.

Dr. Enrico Schleiff erwies sich als ein feiner Kerl, der mich von Anfang an mit mannigfaltigen Aufgaben betraute. Seine Rede: „Eine TA macht die Experimente, für die der Postdoc keine Zeit mehr hat"

So kam es, und da unser Methodenspektrum sehr breitgefächert war, arbeitete ich fortan mit verschiedenen Forschungsorganismen wie Erbse (Pisum sativum), Ackerschmalwand (Arabidopsis thaliana), Bierhefe (Saccharomyces cerevisiae) und Cyanobakterien. Erst später erkannte ich im Gespräch mit anderen TAs, dass es keineswegs in allen Laboren so abwechslungsreich zugeht.

Wie funktioniert nun so ein Labor für Grundlagenforschung an einer Universität? Vielleicht beginne ich mit einem Einblick ins Hierarchiegefüge:

An der Spitze der Arbeitsgruppe steht ein Professor. Er bereitet Vorlesungen vor, beantragt Fördergelder, fungiert als Ansprechpartner für die Mitglieder seiner Arbeitsgruppe, nimmt Prüfungen ab, schreibt Veröffentlichungen und leistet Gremienarbeit.

Nach dem Professor kommen die Postdocs. Diese haben ihren Doktorgrad bereits erlangt und bekleiden in der Arbeitsgruppe etwa die Funktion eines Vorarbeiters. Sie betreuen die Doktoranden, Master und Bachelor, fungieren als Ansprechpartner, koordinieren Praktika, halten Vorlesungen, schreiben Veröffentlichungen und beantragen Forschungsgelder für ihre Arbeitsgruppe, um z.B. einen Doktoranden oder TA finanzieren zu können.

Und dann gibt es noch die technischen Assistenten. Wir sind das Schmieröl im Laborgetriebe. Uns obliegen unter anderem Dinge wie Organisation und Verwaltung. Wir koordinieren die Bestände an Chemikalien und Verbrauchsmaterial und verwalten alle möglichen Listen.

Darüber hinaus sind wir die große Konstante in einem Arbeitsumfeld mit intensivem Personalwechsel. Wir bewahren das Wissen über frühere Abläufe, Arbeitsvorgänge und Protokolle, betreuen jegliche Arten von Zellkulturen und machen Experimente, zu denen der Professor keine Zeit mehr hat. Manche von uns bilden wiederum ihrerseits TA aus. Es soll auch Labore geben, in denen die TAs nichts anderes tun als Puffer ansetzen und abwaschen, aber über derlei Monotonie im Arbeitsalltag will ich lieber nicht nachdenken.

2007 erhielt mein Chef seinen Ruf an die Goethe Universität Frankfurt und köderte mich mit einem Angebot, das ich nicht ablehnen konnte: Eine unbefristete Stelle. So zogen wir mitsamt unserem Equipment von der Isar an den Main.

In Frankfurt besuchte ich schließlich an der Volkshochschule meinen ersten Schreibkurs und als meine Schreibkursteilnehmerin Christine einmal eine selbstverfasste Bürokolumne vorlas, dachte ich: Sowas könnte ich doch auch mal schreiben.

Und an dieser Stelle setzt meine Halbzeitkolumne an:

Wie alles begann

Hätte ich in meinem zweiten Ausbildungsjahr zur TA eine eins in Biochemie und organischer Chemie gehabt, hätte es in den letzten sechs Jahren hier wohl keinen Text von mir zu lesen gegeben. Es sei denn, das Schicksal hätte mich auf Umwegen zum Schreiben von Laborkolumnen geführt.

Ein Quäntchen Verdienst gebührt vielleicht auch der Komplexität der damals im Unterricht abgehandelten biochemischen und organischen Reaktionen wie Gringnard und Cannizzaro, die ich damals beim besten Willen nicht begriff. Mein Gehirn weigerte sich schlichtweg, das korrekte Umklappen irgendwelcher Einfach, Doppel- und Dreifachbindungen zwischen verschiedenen Molekülen zu erfassen. Klappte einfach nicht. Womit ich nicht allein war. Meine Klassenkameradin Rita tat sich ebenfalls schwer.

Bianca und Susanne versuchten mehrmals es uns beiden zu erklären, erkannten jedoch bald, dass es mit einer Viertelstunde Erklärzeit hier nicht getan war. Hier mussten andere Kaliber aufgefahren werden und so gründeten wir unser „Lernquartett". Als solches fuhren wir für ein verlängertes Pfingstwochenende zum biochemischen Intensivtraining an die Müritz. Sozusagen ein biochemisches Bootcamp. „Dort machen wir vormittags Unterricht und nachmittags unternehmen wir was", verkündete Bianca, die aufgrund ihrer guten Noten zur Hauptlehrerin auserkoren worden war.

Was soll ich sagen? Es funktionierte!

Ich werde nie vergessen, was unsere Lehrerin in Organischer- und Biochemie neben die gute Note in meiner Examensarbeit schrieb: „Geht doch ☺!"

Dass die Komplexität der von ihnen entdeckten Reaktionen ca. 100 Jahre später einen Lernurlaub an der Müritz nach sich ziehen würde, haben die Chemiker Gringnard und Cannizzaro damals bestimmt auch nicht erwartet.

Da wir vier es neben der ganzen Lernerei auch sehr lustig miteinander gehabt haben, beschlossen wir, uns fortan jährlich an Pfingsten zu treffen. Was mit gelegentlichen Babypausen zu meiner großen Freude bis heute funktioniert.

Und während ich die ganzen Gleichungen und Formelumstellungsregeln längst wieder vergessen habe- nicht hauen Bianca!- hält das durch den Lernurlaub geschmiedete Band zwischen uns Vieren bis heute. Obwohl wir uns in alle Himmelsrichtungen Deutschlands verstreut haben, kommen wir jährlich für ein paar Tage zusammen.

Am Pfingstsonntag 2012 saßen wir daher gemütlich in einem Eiscafé in Friedrichroda beisammen und tauschten Lagerfeuergeschichten aus. Was die Kollegen so treiben, wie lange wir auf Bestellungen warten müssen, wie die Vertreter so sind. TA-Klatsch eben. Dabei kam es zu folgendem Dialog:

Bianca: „Tolle Geschichten. Die müsste man mal aufschreiben."

Ich: „Was guckst du mich so an?"

Bianca: „Na, wer von uns macht denn gerade einen Schreibkurs?"

Was leider nicht von der Hand zu weisen war. Ich hatte tatsächlich bereits ganze vier 90-minütige Termine meines VHS-Kurses für kreatives Schreiben besucht. In 360 Minuten vom Schreibkursteilnehmer zur Chronistin. So schnell kann's gehen. Andererseits soll aufschreiben ja hilfreich beim Verarbeiten von Erlebnissen sein. Also setzte ich mich nach der nächsten Arbeitskrise zuhause an meinen Schreibtisch und fing einfach an. Mal sehen, was so dabei herauskommt.

Was soll ich sagen? Auch das funktionierte! Die Geschichte über eine problembeladene Erbsensaatgutanlieferung floss flüssig aufs Papier. Das Ergebnis mailte ich meinen drei TA-Freundinnen, bei denen die Geschichte ebenfalls große Heiterkeit auslöste. Da packte mich der Ehrgeiz. Vielleicht begeistert meine Geschichte auch eine größere Leserschaft? Auf einen eigenen Blog hatte ich keine Lust, also mailte ich meinen Text kurzerhand an die Laborjournal-Redaktion, und meine Kühnheit wurde belohnt. Am nächsten Tag schon fand ich in meinem E-Mailpostfach eine Antwortmail vor. Vom Chefredakteur persönlich.

„Nehmen wir, wie oft können Sie liefern?"

Schluck! Damit hatte ich nicht gerechnet. Die wollten nicht nur meinen einen Text veröffentlichen, die wollten mehr. Kriege ich das hin?

Ich kriegte und kriege es immer noch hin. Dies ist immerhin schon die 50. Kolumne, die das tägliche Geschehen in unserem Labor thematisiert, und wenn hier aktuell mal nichts los ist, krame ich alte Erlebnisse aus meiner Erinnerung hervor. Schließlich soll man ja auch seine Vergangenheit aufarbeiten.

An dieser Stelle vielen Dank an meine drei Damen vom Lernquartett, an die Laborjournal-Redaktion, an meine Leser und auch an meine Kollegen. Jemand muss all die inspirierenden Dinge ja erst einmal mit mir erleben, bevor ich sie aufschreiben kann.

Mal sehen für wie viele zukünftige Kolumnen Gegenwart und Vergangenheit noch reichen.

Ich bin gespannt.

Also schickte ich die nächsten acht Jahre in regelmäßigen Abständen der Redaktion meine Texte, die, da in der Printausgabe derzeit noch eine andere TA publizierte, unter dem Titel „Erlebnisse einer (anderen) TA" zunächst online in den Editorials veröffentlicht wurden. 2020 folgte dann das nächste Level: Die Printausgabe von Laborjournal.

Mit dem hundertsten Text möchte ich nun meine Kolumne beenden, um mich neuen Projekten zu widmen. Und da mir der Gedanke gefiel, meine Zeit als Kolumnistin mit einem Buch abzuschließen, so wie man beim Verlassen einer Wohnung die Tür hinter sich zumacht, habe ich meine Texte zu einem Buch zusammengestellt. Da es sowohl in meinem Freundeskreis als auch in meiner Familie etliche Nichtbiowissenschaftler gibt, habe ich die Fachbegriffe erläutert.

Ich hoffe, es hat Ihnen ebenso viel Spaß gemacht, meine Kolumne zu lesen, wie mir sie für Sie zu schreiben.

Pflanzliches

Versuchspflanzen sollten platzsparend und kostengünstig zu kultivieren sein und einen kurzen Generationszyklus haben (also eine möglichst kurze Zeitspanne von der Keimung bis zur Samenreife). Wenn ihr genetischer Code bereits bekannt ist, erleichtert das vieles.

In unserem Labor arbeiten wir hauptsächlich mit den Klassikern Acker-Schmalwand (Arabidopsis thaliana), Tomaten (Solanum lycopersicum) und Erbse (Pisum sativum).

A.thaliana z.B. steht auf der Hitliste der beliebtesten Versuchspflanzen weltweit ganz weit oben, hat es doch mit acht Wochen einen extrem kurzen Lebenszyklus, braucht wenig Platz und Wasser und seine Samen lassen sich leicht ernten und aufbewahren.

Bei unserer Forschung geht es kurz gefasst darum, verschiedene Gene in den Pflanzen zu unterbrechen, also auszuschalten, und zu testen, ob und wie diese Pflanzen anschließend mit erhöhten Temperaturen, erhöhter Lichteinstrahlung oder höherem Salzgehalt im Boden zurechtkommen. Überleben die Pflanzen ohne das betreffende Gen und wenn ja, wie machen sie das? Übernimmt ein Nachbargen den Job und wieviel stärker muss dieses dann arbeiten?

Die innere Mitte

Als ich mich entschloss, TA zu werden, wusste ich noch nicht, wie unglaublich nervenaufreibend dieser Beruf manchmal sein würde. Sicher, ich rechnete mit missglückten Experimenten, anstrengenden Praktikanten und Kollegen, aber sonst stellte ich mir alles recht entspannt vor. Womit ich nicht rechnete, waren die Bestellungen.

Ich erwartete, ein paar Telefonate zu führen oder, wie in der heutigen Zeit üblicher, Onlinebestellungen zu tätigen. Was war schon weiter dabei?

Naja, ich war jung und unerfahren.

Die folgenden Berufsjahre sollten mich eines Besseren belehren.

Die eindrucksvollste Demonstration für die Komplexität mancher Bestellungen lieferte mir die Anlieferung des Saatguts für unsere Erbsenanzucht.

Die Bestellung verlief erfreulich einfach. Ich schickte eine kurze E-Mail mit unseren Adressdaten sowie der benötigten Saatgutmenge an die Firma, worauf eine nette Bestätigung vom Chef persönlich folgte, dann wartete ich.

Eine Woche später, Freitag 13:30 Uhr, ich freue mich schon auf meinen Feierabend und das kommende Wochenende, läutet das Telefon.

Eine mir unbekannte Stimme nuschelt was von Erbsen, Lieferung und wohin denn? Nachdem ich all das in meinem Kopf entwirrt habe, verweise ich auf den Zusatz in der Adresse, der eigentlich alles erklärt und noch die meisten Lieferanten ans Ziel gelotst hat.

Der Mann legt auf.

30 Minuten später, Telefon, Spediteur: „Der Fahrer ist jetzt da!"

Ich sehe mich im Labor um: Kein Fahrer und erst recht keine 300 kg Erbsen.

„Wo denn?", erkundige ich mich.

„Das weiß der Fahrer nicht so genau, irgendwo auf dem Campus Riedberg jedenfalls!"

Mir fällt ein Mantra ein, das ich vor 15 Jahren bei meinem ersten und einzigen Kurs für autogenes Training gelernt habe: Wir finden unsere innere Mitte.

Ich atme tief durch.

„Was sehen Sie denn in Ihrer Nähe, beschreiben Sie doch mal."

Vielleicht lässt sich so sein Standort ermitteln.

„Moment!"

„Hallo?" Aufgelegt!

Diesmal dauert es kaum 25 Minuten.

„Der Fahrer sagt, er steht direkt vor einer Baustelle", präsentiert mir der Spediteur stolz seine neueste Erkenntnis. Aha!

Da der Campus Riedberg, ebenso wie das gesamte Stadtviertel dieses Namens gerade erst im Entstehen begriffen ist, ist alles im Umkreis von 1km Baustelle. Warum habe ich bloß nicht mit dem autogenen Training weitergemacht? Ich atme tief durch. Wir finden unsere innere Mitte.

„Geben Sie mir doch die Telefonnummer Ihres Fahrers, dann kann er mir das vielleicht genauer beschreiben", schlage ich vor.

„Nee, geht nicht, der spricht kein Deutsch!"

„Ich kann Englisch", wende ich ein.

„Nee, auch nicht!"

„Französisch?"

In dieser Sprache bewegen sich meine Kenntnisse zwar auf Schulniveau, aber ich bin verzweifelt, will in mein Wochenende und für ein bisschen à gauche und à droite wird es schon reichen.

„Nee, nee!"

Das erklärt immerhin, warum der gute Mann nicht einfach selbst nach dem richtigen Gebäude fragen kann. Wir finden unsere innere Mitte. Ich begrabe meine Was-ich-Schönes-mache-wenn-ich-Freitag-früher-gehen-darf-Pläne und rufe ein paar Kollegen in den umliegenden Gebäuden an, ob sie einen Lastwagen sehen, ohne Erfolg. Langsam bleibt mir nur der Trost, dass Erbsen-saatgut wenigstens keine empfindliche Ware ist und weder gekühlt noch mit Trockeneis versorgt werden muss. Also kann die Spedition zur Not am Montag einen neuen Versuch starten, vielleicht sogar mit einem wenigstens Französisch sprechenden Fahrer.

Die Rettung kommt von unverhoffter Seite.

„Da steht ein LKW vor unserer Einfahrt. Könnten das die Erbsen sein?", fragt mich unser Gärtner am Telefon, als die Leitung einmal kurz nicht durch den Spediteur blockiert ist. Tatsächlich hat der Fahrer mit seinem LKW fast zwei Stunden unmittelbar vor dem Gewächshaus gestanden, wohin er die Erbsen liefern sollte, ohne einmal sein Führerhaus zu verlassen.

Solche Geschichten passieren glücklicherweise nicht ständig, aber doch mit unerschütterlicher Regelmäßigkeit. Vielleicht spendiert mir mein Professor ja mal einen Auffrischungskurs in autogenem Training?

Shakespeare meets tomato

Ab und an seine Komfortzone zu verlassen, soll der Lebenserfahrung sehr zuträglich sein.

Dachte ich jedenfalls, als ein Kollege mich bat, für ihn Chloroplasten aus Tomatenpflanzen zu isolieren. Er war die Woche auswärts zugange, da die Pflanzen jedoch keinen anderen Termin mehr frei hatten, klopfte er bei mir an.

‚Das hast du aber noch nie gemacht', piepste eine zweifelnde Stimme in meinem Hinterkopf. Es könnte die meines limbischen Systems sein, dessen Aufgabe unter anderem darin besteht, mich vor potentiellen Gefahren zu warnen.

„Klar, mach ich gern", antwortete ich, mein limbisches System ignorierend. Ein paar Tomatenchloroplasten isolieren, wird schon nicht so gefährlich sein.

Ist ja auch mal was Neues. Bislang habe ich Chloroplasten nur aus Erbse und Ackerschmalwand isoliert. Beides eine recht entspannte Angelegenheit. Warum sollten Tomatenpflanzen anders sein?

Beschwingt wanderte ich am Stichtag mit Transportkiste und Schere ausgerüstet ins Gewächshaus.

Ein Wald erwartete mich. Hinter der gläsernen Wand standen auf dem Anzuchttisch an die 50 über einen Meter große Tomatenpflanzen. Während ich noch ungläubig auf das grüne Gestrüpp starrte, kam unser Gärtner vorbei.

„Es kann passieren, dass die Pflanzen sich ineinander verhaken und es zu einer Kettenreaktion kommt, sobald du einen Topf bewegst. Schubs sie dann einfach wieder zurück in die Senkrechte", klärte er mich im Vorbeigehen auf, winkte kurz mit seiner Bewässerungsbrause und eilte davon.

Nicht mehr ganz so beschwingt öffnete ich die Schiebetür zu unserem Tomatenabteil.

Erbsenpflanzen wachsen bei uns maximal acht Tage lang, ehe sie verarbeitet werden. In diesem Alter ist jede von ihnen ein zartes, maximal 10cm hohes Pflänzchen, das keine nennenswerte Gegenwehr leistet.

Dieser Tomatenwald dagegen wucherte seit knapp zwei Monaten vor sich hin und blickte unheilverkündend von der Höhe seines Tisches auf mich herab.

Mein limbisches System meldet sich wieder zu Wort:

„Lass uns abhauen! Ein „wandernder Wald" brachte schon Macbeth in Shakespeares gleichnamiger Tragödie nichts Gutes'. Ich wusste gar nicht, dass mein limbisches System so gebildet ist.

Ein wenig eingeschüchtert rückte ich dem imposanten Grünzeug zu Leibe und stellte fest: Wenn man zu seinen Versuchspflanzen aufsehen muss, fühlt man sich irgendwie nicht wie der große Forscher, der man versucht zu sein. Drei Pflanzen später erfüllte sich die unheilvolle Prophezeiung unseres Gärtners. Zwecks besserem Zugriff wollte ich die dritte Pflanze von ihren Genossen separieren, da geriet der halbe Wald ins Wanken und warf sich auf mich.

‚Siehst du, hab ich ja gleich gewusst', triumphierte mein limbisches System.

Ich schubste die Töpfe zurück in die Senkrechte und schnippelte tapfer weiter, bis der halbe Wald gerodet war. Bereits nach der ersten Pflanze hätte ich jedes Königreich für ein Buschmesser gegeben. Die Tomaten erwiesen sich als Gewächs von immenser Renitenz.

Noch im Mixer widerstanden sie meinen zunächst behutsamen Homogenisierungsversuchen. Es brauchte zwei Ansätze und dreimal so viel Pufferlösung, bis ich begriff, dass ich mit meiner Erbsenpflanzenverarbeitungserfahrung hier nicht weiterkam, und doppelt so lange, bis endlich die gewünschte rahmspinatartige Konsistenz erreicht war. Ab da erwies sich die weitere Verarbeitung der Tomaten als recht unproblematisch.

Trotz aller Dramatik habe ich mich wohl gut geschlagen, denn eine Woche später fragte der Kollege, ob ich in den kommenden Tagen nicht auch noch die restlichen Pflanzen verarbeiten könnte?

Was verlangt er da von mir?

Es ist immer noch derselbe Wald, dieselben Pflanzen, deren Freunde ich gemeuchelt habe. Meine sinistren Absichten sind in ihrem kollektiven Gedächtnis eingebrannt. Sie werden sich auf mich werfen, kaum dass ich das Gewächshaus betrete. Andererseits, soll es nicht der Lebenserfahrung sehr zuträglich sein, wenn man sich seinen Ängsten stellt?

„Klar, mach ich gern!"

Hier wird nicht gekniffen. Ich habe einen Plan.

Ich werde mir ein Buschmesser besorgen, die dreifache Menge Puffer ansetzen und dann…

,Auf ins nächste Gefecht', jubelt die Stimme in meinem Hinterkopf. Mein limbisches System und Shakespeares König Heinrich V müssen natürlich das letzte Wort haben.

Sesam, öffne dich!

Frühe Vögel fangen Würmer.

Diese Weisheit ist weit verbreitet und hinreichend bekannt. Warum macht man es den Vögeln dann so schwer?

Ich persönlich zähle mich zu den Lerchen, da ich morgens und am Vormittag am konzentriertesten arbeiten kann. Daher war ich nicht weiter erbost, als mir neulich beschieden wurde, die erste meiner vier Pflanzenchargen am nächsten Tag schon um 7:00 Uhr aufzuarbeiten und zwar BEVOR das Licht in der Anzuchtkammer eingeschaltet wird und in ihren Stoffwechsel eingreift. Da mir die Problematik, vor 8:00 Uhr zum Gewächshaus vorzudringen nur allzu bekannt war, bereitete ich meine Mission sorgfältig vor. Aus dem Postdoc-Büro organisierte ich mir einen Bund mit allen erforderlichen Schlüsseln, die mir sämtliche Türen auf dem Weg in die heiligen Hallen öffnen sollten.

7:00 Uhr

Frohen Mutes passiere ich ungehindert in friedlicher Morgendämmerung die Flure, entriegle die Tür zum Gewächshaus und stecke den letzten Schlüssel in die Tür zur Anzuchtkammer.

Er lässt sich nicht drehen! Ungläubig versuche ich es erneut, rüttle, nichts.

Ich probiere es mit meinem eigenen Schlüssel für unsere Laborräume. Der Gedanke, dass unsere Anzuchtkammer mit unserem Schlüssel zu öffnen ist, erscheint mir durchaus plausibel. Dem Konstrukteur des universitären Schließsystems offenbar weniger, der Schlüssel passt nicht mal ins Schloss. Was nun? Die Gärtner sind noch nicht da. Den Schlüssel aus ihrem Büro holen? Meine Schlüssel passen auch nicht in die verschlossene Bürotür.

Ich versuche es mit einem inbrünstigen „Sesam, öffne dich!", aber die Tür bleibt geschlossen. Hat sie etwa *Tausendundeine Nacht* nicht gelesen?

7:05 Uhr

Noch nicht ernstlich beunruhigt suche ich jemanden vom Reinigungspersonal, berufsbedingt ebenfalls Lerchentypen, um nach einem Generalschlüssel zu fragen. Leider hat keiner der drei, die ich treffe, einen für meine Problemtür. Zurück ins Gewächshaus, niemand da, Tür verschlossen.

7:10 Uhr

Im Postdoc-Büro gibt es sicher einen Schlüssel für die Anzuchtkammer. Also zurück zum Labor, um unseren Raumpfleger zu bitten, mich dort hinein zu lassen. Der gute Mann ist allerdings verschwunden und sein Kollege eine Etage tiefer hat keinen passenden Schlüssel und ist darüber milde verblüfft. Ich kann ihn gut verstehen!

7:15 Uhr

Gewächshaus, Tür zu, Büro dunkel, keiner da.

Ich werde etwas unruhig. Mir bleiben nur noch 15 Minuten, meine Pflanzen vor den verheerenden Strahlen zu bewahren. Was kann ich tun?

Der Sicherheitsdienst in der Pförtnerloge fällt mir ein, der nachts jede, aber wirklich jede unserer Türen absperrt und wenn es nur die zur Besenkammer ist. Auf dem Weg dorthin verdränge ich mühsam die Vision, wie meine Pflanzen vampirgleich unter den sengenden Strahlen zu Staub zerfallen, oder sich wie die kleinen Filmmonster in amorphen grünen Brei verwandeln.

7:20 Uhr

„Das weiß ich nicht, ich bin neu hier!", zerstört der uniformierte Mann meine letzte Hoffnung.

Grübelnd stehe ich vor dem Glasverschlag, als ein weiterer Frühaufsteher die Szene betritt, um einen vorbestellten Dienstwagen abzuholen.

„Das weiß ich nicht, ich bin neu hier!", wiederholt der Pförtner sein Tagesmantra.

Immerhin bin ich nicht die einzige, deren Wünsche an diesem Morgen unerfüllt bleiben.

7:25 Uhr

Geschlagen schleiche ich zurück zum Gewächshaus. Ein letzter Blick, bloß zur Sicherheit. Und das Schicksal hat ein Einsehen. Unser Gärtner ist eben angekommen und mit Hilfe seines Schlüssels gelingt es mir in letzter Minute, meine Pflanzen vor der sengenden Verdammnis in einem Karton in Sicherheit zu bringen. Ha!

10 Minuten später verwandeln sich die so mühsam geretteten Pflanzen in meinem Mixer in amorphen grünen Brei.

Es war einmal...

...oder warum wir heute an der Erbse Pisum sativum forschen.

Einstmals ritt ein junger Prinz durch ferne Lande und erblickte in der Ferne eine grüne Hecke, die sich bis in den Himmel emporreckte.

„Was verbirgt sich hinter dieser Hecke?", fragte er jeden, der ihm begegnete.

Die Leute erzählten, dort befände sich ein verwunschenes Schloss, in welchem eine Königstochter seit vielen Jahren schliefe, nebst ihren Eltern und deren Hofstaat.

„Ich will mir die Prinzessin einmal ansehen", dachte sich der Prinz, schwang sich auf den Rücken seines Pferdes und erreichte schließlich die grüne Festung.

„Das sieht nach Erbsenpflanzen aus", murmelte der botanisch versierte Prinz, sobald er die Schoten gewahrte, die allenthalben in der rankenden Hecke hingen.

Allein, das Gestrüpp war so verfilzt, da ward kein Durchkommen.

Mit kraftvollen Schlägen schwang der Prinz sein Schwert. Der Duft frisch geschnittener Pflanzen stieg ihm in die Nase, bei jedem Schwung spritzte grüner Pflanzensaft umher und rann an der Klinge seines Schwertes herab.

Im Turmzimmer angelangt, betrachtete er flüchtig die schöne Prinzessin auf ihrer Bettstatt. Beim Anblick der zahllosen grünen Sprenkel, die seinen weißgoldenen Waffenrock verunzierten, entschwand sie jedoch aus seinen Gedanken.

Was mochte diese Pflanze enthalten, das ihr eine solche Färbekraft verleiht? War das Grüne schon immer darin, und wie war es dort hineingelangt und warum?

Spontan verwarf er seine Lebenspläne als Thronfolger und beschloss, fortan sein Leben der Suche nach Antworten zu widmen. Und weil er die ganze Forschungsarbeit nicht allein machen wollte, küsste er noch rasch die erstarrten Lippen der schönen Königstochter.

Da schlug sie die Augen auf und war wieder lebendig. Der Prinz nahm ihre Hände in die seinen und schaute ihr tief in die Augen.

„Willst du meine liebe Forschungspartnerin sein? Willst du mit mir ein Grundlagenforschungslabor eröffnen und die Geheimnisse der Natur ergründen?"

„Ja, ich will deine Partnerin sein, wenn wir abwechselnd als Erstautoren fungieren", antwortete sie. Damit erklärte der Prinz sich einverstanden.

Nach einem heftigen Wortwechsel mit dem ebenfalls wiedererwachten König, der für seine Tochter eher eine Laufbahn als Prinzessin geplant hatte, ließ dieser seine Tochter mit dem Prinzen ziehen und finanzierte ihnen sogar noch eine gute Erstausstattung für ihr Labor. Mit 13 Pipettensätzen, damit für jede weise Frau, die vorbeischaute, einer zur Hand wäre. Und er bezahlte das Gehalt für zwei Doktoranden und eine technische Assistenz.

Da hob der Prinz die Prinzessin auf sein Pferd und ritt mit ihr zum Schloss seiner Eltern, wo sie gemeinsam eine steile Forscherkarriere hinlegten, gesegnet mit zahlreichen spektakulären Entdeckungen.

Und wenn sie nicht gestorben sind, so forschen sie noch heute.

Remember, remember

Trägheit gehört zwar zu den sieben Todsünden, trotzdem muss sie in manchen Lebensbereichen gelegentlich sein.

Seit nunmehr 15 Jahren benutze ich ein und denselben Merkzettel.

Nicht nur für die Dinge, die es regelmäßig zu erledigen gilt, sondern schlichtweg für alles, woran ich im Laufe eines Arbeitstages so denken muss. Natürlich könnte ich mir jedes Mal eine neue Notiz machen, aber das wäre wirklich etwas viel verlangt.

Mein Universalmerkzettel besteht aus dem Verschluss eines Latexhandschuhpaketes der Größe S. Auf der weißblauen Außenseite dieses Pappovals steht in schönster Sonntagsschrift: *Denk an die Erbsen!*

Vor 15 Jahren ergab diese Aufschrift absolut Sinn.

Das Saatgut für unsere Forschungserbsen wurde in getrockneter Form angeliefert und aufbewahrt. Bevor sie in die Aussaatschalen kamen, mussten wir sie über Nacht zum Vorquellen in Wasser einlegen. Also gab ich jeden Donnerstagmittag eine abgemessene Menge Trockenerbsen in eine große Plastikwanne, spülte sie einmal kräftig mit Wasser ab und ließ sie dann bis zum Feierabend in der wassergefüllten Wanne stehen. Wichtig war allerdings, das im Laufe des Nachmittags dunkel und schleimig gewordene Stehwasser vor dem Nachhausegehen auszuwechseln und die Erbsen nochmals kräftig durchzuspülen. Warum das so wichtig war, begriff ich erst, als ich es einmal vergaß.

Der tiefdunkle Pfuhl, den ich am nächsten Morgen in der Plastikwanne vorfand, sorgte für einen nachhaltigen

Lerneffekt. Unnötig zu erwähnen, dass diese Erbsen keine besonders hohe Keimungsrate mehr aufwiesen. Am selben Tag bastelte ich mir meinen Memozettel.

„Denk an die Erbsen!"

Damals hat das jeder Kollege verstanden.

Heute obliegt der Erbsenwässerungsdienst einem anderen Kollegen, weshalb meine Raumkollegen die vier Worte auf dem Zettel beim ersten Anblick betrachten wie das kryptische Manuskript einer versunkenen Kultur.

„Welche Erbsen?"

Ich erkläre, mein Gegenüber ist fassungslos von so viel Bequemlichkeit.

„Schreib doch einen neuen Zettel! Schreib: „Platten für Ella aus dem Brutschrank nehmen."

„Warum sollte ich eine so lange Notiz schreiben?"

„Damit du an die Platten für Ella denkst und nicht an Erbsen." Ich winke ab.

„Vertrau mir. Mein Zettel ist wie ein Knoten im Taschentuch. Er erinnert mich daran, dass ich an etwas Bestimmtes denken wollte, dann überlege ich, was das war und dann denke ich an die Platten für Ella." Er verschwindet kopfschüttelnd.

Ist doch wahr!

Soll ich etwa für jedes Anliegen einen neuen Memozettel schreiben? Das wäre viel zu viel Mühsal und führt im Endeffekt zu demselben Ergebnis wie mein Uraltzettel.

Dieser hat bisher nur ein einziges Mal versagt: Als ich ihn rauslegte, um mich daran zu erinnern, dass ich eine neue Lieferung Erbsen bestellen wollte.

Naja, no Zettel is perfect.

Technisches

Obgleich ich Technische Assistentin bin, verfüge ich leider nicht über die Fähigkeit, jedes beliebige Elektrogerät (einerlei ob ortsveränderlich oder nicht) wieder instand zu setzen.

Mein Wissen auf diesem Gebiet ist begrenzt. Zumeist ziehe ich den Stecker, zähle bis drei, stöpsele das Gerät wieder ein und hoffe das Beste. Hilft gelegentlich. Was immer hilft: Einschalten!

In solchen Fällen erinnere ich mich stets an meine frühere Lehrerin für Analytische Chemie. Deren Antwort auf unsere Klage: „Das Gerät ist kaputt!" bestand stets aus einem Lächeln gefolgt von dem Satz: „Es arbeitet besser, wenn man es einschaltet!" Was das Gerät dann zumeist auch tat.

Heute weiß ich, warum ihr dieser Satz so wichtig war.

E.T. Labor telefonieren

Mein Laborwecker empfängt Signale aus einer fernen Galaxie. Genauer gesagt, vom scheinbar hellsten Quasar am Sternenhimmel, gelegen im Sternbild Jungfrau.

Was ein Quasar ist?

Bis vor zwei Tagen wusste ich das auch nicht. An jenem Tag kam ich morgens ins Labor, pipettierte ein bisschen hiervon und ein bisschen davon in diversen Eppis zusammen. Sodann wollte ich die Aufsicht über die Inkubationszeit meinem Timer überantworten, der war allerdings anderweitig beschäftigt. Sein Display zeigte 3C:273.

Kurzerhand stellte ich den Timer meiner Backbordkollegin und widmete die folgenden zehn Minuten der Dechiffrierung dieser kryptischen Botschaft. Vielleicht war es wichtig.

Zu meiner Überraschung lieferte die Suchmaschine im Internet sofort einen Treffer, eben jenes Quasar 3C273. Quasar, so lernte ich, bezeichnet den Kern einer aktiven Galaxie.

Ich war, gelinde gesagt, irritiert.

Welche quasarische Lebensform wollte da Kontakt mit mir aufnehmen? Noch dazu vom Sternbild Jungfrau? Ich bin Steinbock.

Als ich zu einem bewährten TA –Trick griff, die Batterien des Timers herausnahm, bis drei zählte und sie wieder einsetzte, bekam ich die Antwort.

Auf dem Display stand jetzt 20:2:40

Die umgehend konsultierte Suchmaschine führte mich zur Internetseite des Swing Style Syndicats. Langsam wurde mir die Sache unheimlich. Warum sendet das

Swing Style Syndicat Signale von 3C273? Und warum ausgerechnet an meinen Labor-Timer?

Sitzen dort oben etwa Außerirdische, die mir nahelegen, mich mit dem Syndicat in Verbindung zu setzen?

Was für Wesen mögen das sein und welches Interesse haben sie am Swing Style Syndicat? Tanzen sie gerne? Raten sie uns zur Rückkehr der lockeren Lebensweise der 20er und 30er Jahre?

An dieser Stelle unterbrach das Piepsen des stellvertretenden Timers meine Gedanken. Kurzerhand wechselte ich die Batterien meines eigenen und beendete somit seine Existenz als Medium für ätherische Nachrichten, was allerdings nicht im Interesse der Absender lag, blitzte mir doch im letzten Moment noch die Nachricht 18:C:45 entgegen.

Wie dieses zweimotorige Mehrzweckflugzeug zu der ganzen Geschichte passt, müssen Sie allerdings selbst herausfinden.

Ich werde jetzt weiter pipettieren.

A neverending story

Letztes Jahr im Herbst kamen zwei Männer, betrachteten seufzend unseren Fußbodenbelag, krochen ein bisschen darauf herum, schnitten auf jeder Flurseite ein tablettgroßes Stück heraus und machten sich damit davon. Warum? Das erfuhren wir nicht. Trophäenjäger waren es aller Wahrscheinlichkeit nach nicht, unser abgewetztes Linoleum dürfte sich an der Wand einer Professorenvilla nicht besonders gut machen.

Mehrere Monate lebten wir also mit zwei Löchern im Linoleum, gleichmäßig verteilt auf jeder Flurseite eines. Bis letzte Woche.

Da kam ein Handwerker und verbrachte den Tag kniend an dem auf der Büroseite gelegenen Loch. Wann immer ich vorbeikam starrte er regungslos in die Kluft. Beim dritten Mal kam mir der Gedanke, dass er sich vielleicht erst bewegt, wenn man Geld in das Loch wirft. Da in meinen Kitteltaschen aber kein einziger Cent steckte, konnte ich meine Hypothese nicht überprüfen. Irgendwann musste der gute Mann aber doch gearbeitet haben, brachte der nächste Morgen doch eine Überraschung.

Das Loch hatte sich um das Vierfache vergrößert und damit keiner in die 0,3cm tiefe Grube hineinstürzen sollte, spannte sich darüber ein Kreuz aus rotweißem Absperrband.

Gehorsam übersprangen wir fortan auf dem Weg in die Teeküche regelmäßig eine Distanz von annähernd einem Meter. Handwerker ließen sich in den folgenden Wochen keine blicken, somit blieb die Sprunggrube unverändert. Warum auch nicht?

Unvollendete Großbaustellen sind ja schwer angesagt zurzeit. Berlin hat seinen Flughafen, Stuttgart seinen Bahnhof, warum sollen wir da nicht mit unserem Linoleumboden für Frankfurt in die Bresche springen?

Dann, eines schönen Tages, ich saß gemütlich am Computer und glich Sequenzen ab, erhob sich auf dem Flur unvermittelt ein Gebrumm wie von einer mit einem Zahnarztbohrer gekreuzten Riesenhornisse. Zaghaft öffnete ich die Tür einen Spalt breit und linste hinaus. Ein junger Bursche fräste die Klebstoffreste vom Boden des Laborflurlochs. Im Gegensatz zu seinem vorangegangenen Kollegen legte er immensen Arbeitseifer an den Tag, nach einem Tag lebhaften Gebrumms waren die beiden Löcher nicht nur sauber ausgefräst, sie hatten auch Zuwachs bekommen. Im Laborflurlinoleum klaffen seitdem vier Löcher, alle sauber ausgefräst.

Die exponentielle Lochzunahme erinnert mich auf beunruhigende Weise an das Betragen des Nichts in Michael Endes „Unendlicher Geschichte". Zuerst materialisiert es sich als vereinzelte Löcher hier und da, welche sich ausdehnen, sich ganze Städte und Landstriche einverleiben und schlussendlich das gesamte phantasische Reich verschlingen. Bis auf ein einziges Sandkorn.

Unsere Handlanger des Nichts sind bislang nicht zurückgekehrt. Sollten sie es eines Tages doch tun, erwartet uns gewiss ein ebensolches Schicksal. Zuerst wird das Büroflurlinoleum Nachwuchs bekommen, dann werden sich die Löcher Stück für Stück ausdehnen und uns alle mitsamt unseren Zentrifugen und Pipetten verschlingen.

Wer hat´s geerdet?

Sind Sie jemals in Versuchung geraten, Ihren Vortexer bei Benutzung über den Kopf zu heben?

Ich auch nicht.

Bis ich unlängst während einer Inkubationspause den Blick schweifen ließ und dabei auf der Rückseite eines Vortexers folgenden Aufkleber entdeckte „Earth required", was ich spontan mit „Die Erde wird gebraucht" übersetzte. Ich entdeckte ungeahnte Parallelen zwischen mir und dem Vortexer, brauche ich die Erde doch genauso. Tun wir das nicht alle? Oder bezog sich der Hersteller auf die unverantwortliche Ausbeutung planetarer Ressourcen durch den Menschen im Allgemeinen?

Da solch philosophökologischen Ergüsse für gewöhnlich nicht auf Laborgeräten geschrieben stehen startete ich einen weiteren Übersetzungsversuch. Mit vorgeschaltetem Logikprogramm ergab sich: „Bodenkontakt erforderlich" AHA!

Auf die Idee, den Vortexer bei Einsatz über den Kopf zu heben, bin ich eigenartiger Weise in zehn Jahren Laborarbeit noch nicht gekommen. Ein klarer Fall für die Kategorie „Wär-mir-nie-in-den-Sinn-gekommen-wenn-man-es-mir-nicht-verboten-hätte". Nun ist es ja leider so, dass manche Verbote die Menschen verleiten, eben jene Dinge zu tun, von welchen sie eigentlich abhalten sollten. Ich jedenfalls griff nach einem Eppi und startete einen Selbstversuch.

Die Umsetzung scheiterte schon im Ansatz an meinen begrenzten anatomischen Möglichkeiten. Um das sperrige, laut Katalog 4kg schwere Ding zu lupfen, brauchte ich beide Arme. Hiernach blieb keiner mehr für die

Probe übrig. Ging also nicht. Wozu dann dieser Aufkleber?

Dreiarmige Forscher dürften doch eher die Ausnahme sein und stellen folglich eine vernachlässigbare Größe dar.

Dieses Rätsel wollte ich lösen. Kaum standen meine Eppis in der Zentrifuge, observierte ich die restlichen Vortexer im Labor, die entweder in der Schweiz oder den USA hergestellt worden waren. Tatsächlich entdeckte ich den „Earth required"- Aufkleber auf zwei weiteren, die übrigen drei blieben den Hinweis schuldig.

Gesetzt den Fall, die Aufkleber wurden nicht im Lauf der Zeit entfernt, sprang eine Auffälligkeit sofort ins Auge. Lediglich die in den USA hergestellten Geräte raten von ihrem Lufteinsatz ab, auf den Schweizer Geräten steht nichts dergleichen. Das Phänomen der über dem Kopf vortexenden Forscher scheint also eine länderspezifische Angelegenheit zu sein. Mit diesem Zusammenhang erschloss sich mir auch der Existenzgrund des Aufklebers.

Die amerikanische Firma beugt damit Schadenersatzklagen versehrter Forschungsveteranen vor, die auf dem Weg zu Wissen und Weisheit lange Jahre heroisch ohne Bodenkontakt gevortext haben und nun von Rückenschmerzen und ähnlichen körperlichen Gebrechen heimgesucht werden. Solche Berichte liest man ja öfter vom anderen Ufer des großen Teiches.

In der Eidgenossenschaft hingegen dürfen die Forscher ihre Vortexposition noch frei wählen. Möglicherweise sind die dreiarmigen Forscher dort noch rarer gesät oder einfach bodenständiger.

<u>Erklärung für Nichtbiowissenschaftler:</u>

Ein Vortexer gehört zur Grundausstattung jedes Labors und dient zur Durchmischung kleiner Mengen flüssiger Proben. Anstatt sich einen Wolf ins Handgelenk zu schütteln, drückt man sein Probengefäß für einen Moment auf den Aufsatz des Vortexers. Zwei um wenige Millimeter voneinander versetzte Antriebswellen in seinem Inneren erzeugen nun eine Schwingbewegung, die auf das Gefäß bzw. seinen Inhalt übertragen wird, wodurch in der Flüssigkeit winzige Strudel entstehen, die die Probe gründlich durchmischen.

Ungebremst durch die Nacht

In der Berufsschule wurde uns eingeknotet, Zentrifugen nebst Zubehör mit größtem Respekt zu behandeln und unsere Proben stets gewissenhaft auszutarieren, sonst würde es mit unserer Zentrifugation ein schlimmes Ende nehmen. Gestützt wurden diese eindringlichen Worte mit dramatischen Bildern verbeulter Rotorkammern und der Geschichte einer Ultrazentrifuge, die in übermütiger Unwucht auf ihrem Weg in die Freiheit eine Wand durchschlug. Solche Geschichten prägen sich ein.

Mit welchen Mitteln die Studenten der letzten Jahre, unsere heutigen Doktoranden etc., zum sorgfältigen austarieren angehalten werden, weiß ich nicht, sie müssen aber mindestens ebenso drastisch sein. Als Nebenwirkung entwickelt sich dann leicht eine regelrechte Unwucht-Paranoia.

Mehrere Kollegen berichten von Nächten, in denen sie keinen Schlaf fanden, weil sie die Ultrazentrifuge im Labor mit einer Nachtschicht beauftragt hatten. Und das, obgleich sie die verwendeten Röhrchen zuvor minutiös auf Haarrisse untersucht, die Gradienten aufs Milligramm genau austariert und den korrekten Sitz des Rotors auf der Spindel dreimal überprüft hatten.

Derweil rotiert die betreffende Ultrazentrifuge in aller Regel zufrieden vor sich hin.

Werfen wir einen Blick hinter die Kulissen dieses Dramas, sagen wir um 02:00 Uhr.

Doktorand (wälzt sich schlaflos im Bett hin und her):

„Wenn ich's mir recht überlege, war das eine Röhrchen doch ziemlich verkratzt. Wenn das nun gerissen ist? Womöglich hat die Zentrifuge bereits die Wand durchbrochen und einen Nachtwächter erschlagen. Verdammt! So ein Loch in der Wand zu reparieren kostet ein Vermögen und dann erst die Zentrifuge und der Rotor. Das übernimmt keine Versicherung, wenn ich eine hätte. Ich fahre besser nochmal hin."

Zentrifuge:

„Yeah! Endlich mal wieder die Nacht durchmachen. Sogar mit 150.000g. Das fetzt. Und noch dazu mit meinen Lieblingsrotor. Hey, der geht ab. Zwischen uns herrschen ideale Schwingungen. Ich liebe die Art, wie er sich auf meiner Spindel dreht."

Rotor:

„Round round get around, I get around! Baby, ich liebe es, auf deiner Spindel zu rotieren. Das ist besser als Breakdance. Schneller, schneller! O yeah, das ist großartig. Mir wird ganz kribbelig. Ja, weiter…"

Aus Gründen der Diskretion ist dieser Text hier zu Ende.

<u>Erklärung für Nichtbiowissenschaftler:</u>

- Unsere Gradienten bestehen zumeist aus übereinandergeschichteten Flüssigkeiten (z.B. Zuckerlösungen) verschiedener Dichte (s.S.161)

- Auf den beiden gegenüberliegenden Seiten eines sich drehenden Rotors müssen sich zwei gleich schwere Proben befinden. Je nach Drehgeschwindigkeit wirken enorme Kräfte auf Rotor und Rotoraufhängung ein, die bei nichtoptimaler Verteilung das Ganze in gefährliche Schieflage bringen können. Unwucht weckt übrigens auch in Waschmaschinen die Wanderlust, sollte die Wäsche beim Schleudergang ungünstig in der Trommel verteilt oder die Maschine schlecht ausgewuchtet sein.

- g (ein Vielfaches der Erdbeschleunigung) ist die gebräuchliche Einheit für die Geschwindigkeit von Rotoren. Der Rotor in unserer Ultrazentrifuge beschleunigt mit 150.000g also 150.000 mal schneller als die Erde. Umgerechnet entspricht das etwa 29.000 Umdrehungen pro Minute. Eine Waschmaschine schafft in einer Minute etwa 1500 Umdrehungen.

Osterhase - notgeduscht

Alles begann mit einer simplen Feststellung meiner Backbordkollegin: „Die Notdusche tropft!"
Ich schaue hoch. Dass die Notdusche tropft, kann man so nicht sagen. Vielmehr tropft ein einziges Loch der Notdusche. Was macht man da? Wegen eines einzigen tropfenden Lochs die Haustechnik aufscheuchen? Die haben doch genug zu tun. Also ignorieren wir das Problem vorerst. Allerdings nicht lange.
Das unablässige Tropfen hat was von chinesischer Wasserfolter, außerdem bilden auch einzelne Tropfen irgendwann eine Pfütze. Also rufe ich doch an.
Der Haustechniker lacht: „Heute ist Tropftag", stellt er belustigt fest. Diese Aussage stimmt mich nicht gerade zuversichtlich, was ein baldiges Ende der Wasserfolter anbelangt. Wusste gar nicht, dass Inkontinenz unter Rohrleitungen ansteckend ist.
„Was tropft denn sonst noch so?", erkundige ich mich teilnahmsvoll. Vielleicht verhilft mir mein Interesse zu einem verbesserten Ranking auf der Warteliste.
„Heizkörper und alles Mögliche!"
Es ist immer schön zu wissen, dass man nicht alleine ist. Ich fühle mich getröstet. Vom anderen Ende der Leitung kommt ein interessanter Vorschlag. „Könnten Sie was drunter stellen?"
Kann ich schon. Allerdings hängt die Problemdusche direkt über der Eingangstür. Wie Notduschen das eben machen. Soll ich wirklich einen Eimer unmittelbar hinter die Tür stellen? Dann hätte man immerhin die Wahl, ob man auf der Pfütze ausrutschen oder über den Eimer stolpern will.

„Wurden die Notduschen in den letzten Tagen getestet?", fragt der Techniker weiter, als ich seinen Eimervorschlag ablehne, sehr höflich, damit er uns in der Warteliste nicht herabstuft.

Ich überlege. Die letzten Tage waren Osterfeiertage und die wenigen Kollegen, die im Labor waren, hatten gewiss dringendere Anliegen, als Notduschen zu testen. Brauchte der Osterhase eine Abkühlung? Ist bestimmt anstrengend, diese ganze Eiergeschichte. Da ich im Labor kein einziges Osternest gefunden habe, verwerfe ich den Gedanken.

„Nicht dass ich wüsste. Warum?"

„Die Rohrleitungen sind so konstruiert, dass noch bis zu einer Woche nach Gebrauch Wasser austreten kann."

Bevor ich in Unglauben über den Konstrukteur des Systems verfallen kann, gibt mir der freundliche Haustechniker einen etwas befremdlichen Ratschlag.

„Klopfen Sie drauf, dann kommt das Wasser raus!"

Etwas zweifelnd bedanke ich mich und lege auf.

Voll Vertrauen auf sein Fachwissen avanciere ich kurzerhand zur Physiotherapeutin für Notduschen. Was meine Kollegen von mir denken, als ich auf einem Hocker stehend auf die Notdusche einschlage, möchte ich lieber nicht wissen. Nachdem ich ihr einen halben Liter Wasser aus dem Leib geprügelt habe, kommt tatsächlich keins mehr nach.

Um mich auch vor dem Rest der Arbeitsgruppe zum Deppen zu machen, wiederhole ich die fachkundige Lymphdrainage bei sämtlichen Notduschen in den Nachbarlaboren, wo offenkundig noch kein anderer die verräterischen Tröpfchen bemerkt hat. Eine Dusche war

Meister Lampe wohl nicht genug. Ein paar Stunden später ist der Boden wieder trocken. Der Haustechniker versteht sein Handwerk. Wie ich das Bild des fröhlich unter dem Wasserschauer der Notdusche herumspringenden Osterhasen aus meinem Kopf kriege, frage ich ihn aber lieber nicht.

50 Shades of Piep

Ich stehe im Flur und wünsche mir, ich wäre eine Eule. Die können ja sogar im Dunkeln noch das leiseste Piepen im Unterholz auf den Millimeter genau orten und die lautverursachende Maus zielgerichtet packen.

Eben diese Fähigkeit vermisse ich gerade. Nicht das mit dem Packen, ich würde die Maus schon davonkommen lassen, aber das Ortungssystem der nächtlichen Jäger könnte ich gebrauchen, denn von irgendwoher dringt ein ungeduldiges Piepen an meine Ohren.

Wer im Labor arbeitet weiß, dass Ignoranz gegenüber Piepgeräuschen ernsthafte Konsequenzen nach sich ziehen kann.

Es sind schon vollbestückte -80°C Schränke abgetaut, weil ihr verzweifelter Alarmruf ungehört verhallte. Deshalb bemühe ich mich sehr um eine exakte Lokalisierung der Geräuschquelle.

Leider erschwert die große Anzahl potentiell Piepgeräusche verursachende Geräte dieses Vorhaben. Das zarte, servile FIIEP der Zentrifugen, das etwas ausdrücken soll wie: „Euer Pellet ist bereit, Herrin!", das kraftvoll stolze PIEP des Autoklaven: „Die Teufelsbrut ist vernichtet!" oder das panische, alles durchdringende PIIIEEEP, mit dem der Abzug uns vor einem Unterdruck in seinem Inneren warnt, sind nur ein paar Beispiele.

Dieses Piepen ist anders. Ein leises Piepen, das aus dem Nirgendwo zu kommen scheint. Deshalb meine Idee mit der Eule. Sollte ich uns eine Laboreule besorgen?

Das würde zu lange dauern. Eulen haben bestimmt eine mehrwöchige Lieferfrist und es piept jetzt. Also versuche ich es weiterhin mit dem mir von der Natur geschenkten Ortungssystem und drehe meinen Kopf in alle Richtungen. Rechtes Ohr, linkes Ohr. Hm, könnte aus der Tür am Ende des Ganges kommen. Öffne die Tür und horche hinein. Nichts.

Warum piepen überhaupt so viele Geräte?

Können sich die Hersteller nicht mal was anderes einfallen lassen, um Betriebsende, Komplikationen oder dergleichen zu signalisieren? Schließlich existiert eine ganze Klaviatur akustischer Lautmöglichkeiten.

Unsere Sorvall Zentrifuge etwa ist ein elaboriertes Beispiel der Signaltondiversifikation. Tippt man sich bis tief in die Systeme vor, kann man den Signalton ändern. Immerhin drei Optionen stehen zur Auswahl: Ein einzelner Piep, ein melodischer Dreifachpiep und als Krönung „My bonnie is over the ocean". Tolle Sache. Es gibt nichts besseres, um seinen Kollegen am 1. April eine Freude zu bereiten.

Es piept immer noch.

Ich trete wieder auf den Gang hinaus und horche. Jetzt bin ich sicher: Es kommt aus der Richtung des Autoklavenraums.

Aber der Autoklav kann es nicht sein. Der piept anders.

Meine Kollegin eilt an mir vorbei. „Warum schaltest du den Autoklaven nicht aus? Der ist fertig!"

Wie sich herausstellt, hat der tapfere Recke seinen Vernichtungsfeldzug gegen die genetisch veränderten Organismen erfolgreich geschlagen. Bleibt das eine gewisse Zeit unbeachtet, wechselt er den Piepton eigenmächtig von Fertigpiepen zu Ungeduldspiepen.

Ich fasse zusammen:

Weil der Autoklav sich ignoriert fühlt, ändert er seinen Signalton eigenmächtig dahingehend, dass ich selbigen nicht mehr mit ihm in Verbindung bringe, weswegen ich, auf der Suche nach der Geräuschquelle den Gang rauf und runter rennend, ihn erst recht ignoriere. Bei dem piept's wohl.

Erklärung für Nichtbiowissenschaftler:

Ein Autoklav ist im Grunde ein sehr großer Dampfkochtopf, in welchem Laborutensilien sterilisiert oder gentechnisch veränderte Organismen (GVO- z.B. Pflanzen, deren Erbgut verändert oder Bakterien, in welche fremdes Erbgut eingeschleust wurde) abgetötet werden damit sie nicht in die Umwelt gelangen. Durch den erhöhten Druck siedet das Wasser erst bei 120°C, und 20min bei dieser Temperatur überleben selbst Sporen von Geobacillus stearothermophilus nicht.

Von Cyclern, Superstars und Pferden

Er ist tot.

Unser PCR-Cycler Nummer 1 ist ganz und gar tot.

Daraus ergeben sich gewisse Schwierigkeiten, war er doch das Oberhaupt unserer kleinen Cyclerherde. Während er zwecks Wiederbelebung zur Reparatur fährt, muss folglich eines der anderen Geräte die Führung übernehmen und damit fangen die Schwierigkeiten an. Denn wie erkläre ich denen das? Wie reorganisiert man die Hierarchie in einer Cycler-Herde?

Bei unserem Einzug habe ich einfach alles so verkabelt, wie es vor dem Umzug gewesen ist. Geniale Strategie, funktionierte tadellos, aber da konnte Cycler 1 seinen Posten als Leitcycler auch noch ausüben.

Kurzentschlossen ernenne ich Cycler 2 durch Verkabelung mit dem Kontrollmonitor zum neuen Oberhaupt, führe die Verbindung von dort weiter zu Cycler 3 und schalte die beiden Geräte ein.

Während sie hochfahren, kommt eine Kollegin rein.

„Gibt's Probleme mit den Cyclern?", erkundigt sie sich besorgt.

„Nur mit Cycler 1."

„Gut, dass ich immer Cycler 3 benutze", freut sie sich und zieht ab.

Ich werfe einen Blick auf den Tischkalender, in den wir unsere Buchungen für die Cycler eintragen. Die Spalte für den heutigen Tag ist randvoll. Warum passieren technische Widrigkeiten ausschließlich an Tagen, an denen die Cycler einen ähnlich vollen Terminplan haben wie ein Superstar auf Konzerttour?

Das Programm für die Cycler ist hochgefahren. Auf dem nun mit Cycler 2 verknüpften Monitor erscheint als einziges betriebsbereites Gerät Cycler 3.

Mir wird klar, dass Cycler 2 nicht nur über keinerlei Führungsqualitäten verfügt, sondern darüber hinaus unter einer erheblichen Identitätskrise leidet. Er erkennt sich nicht mal selbst. Sogar Delphine können das, warum nicht unser Cycler?

Ein Doktorand betritt die Szene, den Blick auf seine Armbanduhr gerichtet.

„Bist du in fünf Minuten fertig?"

„Mal sehen ", murmle ich, in die elektronischen Anschlüsse meiner Schützlinge vertieft.

Fünf Minuten? Traumtänzer! Das hier ist komplexe Technik. Die unterwirft sich dem Menschen nicht in fünf Minuten. In der Hoffnung, dass C3 eine stärke Persönlichkeit hat als sein Kollege, fahre ich das Programm wieder herunter, verknüpfe C3 mit dem Monitor, sowie C2 mit C3, fahre das System wieder hoch und stelle fest, auch C3 lehnt die Führungsposition kategorisch ab, will sogar überhaupt nichts mit seinem Nachbarn zu tun haben. „No connection possible", zeigt er an.

Ein Bachelor steckt den Kopf zur Tür herein.

„Wie weit bist du?"

„Dauert noch."

Ich fühle meinen Blutdruck steigen.

Mein Stresslevel erreicht das eines Superstars auf Konzerttour, denn mir sind soeben die Umkabelungsmöglichkeiten ausgegangen.

In einem Buch habe ich mal gelesen, dass in einer Pferdeherde der Posten der Leitstute nicht so begehrt ist wie gemeinhin angenommen wird, trägt sie doch die Verantwortung für das Überleben der Herde und muss entscheiden, wann und wo geweidet wird. Das macht viel Arbeit. Die anderen Pferde müssen nur folgen. Dass das auch für PCR-Cycler gilt, stand allerdings nicht in dem Buch.

Die erste Kollegin steht wieder in der Tür, ihre Eiskiste in der Hand.

„Kann ich meine Proben schon reinstellen?"

„Nein, warte bitte noch."

„Aber ich bin doch für Cycler 3 eingetragen", grummelt sie.

Ich atme tief durch und erkläre ihr, dass ich, wenn sie jetzt den Cycler 3 startet, nicht mehr hin und her kabeln könnte. Somit wäre heute nur ein einziger Cycler einsatzbereit und der Aufstand komplett. Sie zieht ab.

Jetzt muss ich mir wirklich etwas einfallen lassen. Also greife ich zum letzten Hilfsmittel bei technischen Problemen: der Bedienungsanleitung.

Mit ihrer Hilfe finde ich binnen einer Minute heraus, dass sich Cycler von Pferden insofern unterscheiden, dass man erstere nicht mit Rübenschnitzen und Zuckerwürfeln dressiert, sondern mittels zweier kleiner Zahnräder auf der Rückseite. Nachdem ich dort jedem seinen neuen Platz in der Rangfolge zugewiesen habe, fügen sich die Geräte widerstandslos.

In einem wichtigen Punkt unterscheiden sich PCR-Cycler also doch von Pferden. Letztere werden selten mit Bedienungsanleitung geliefert und kleine Zahnräder auf der Rückseite haben sie ebenfalls nicht.

Hüter des Lichts

Die Enthüllung der stummen Tragödie begann mit einem einzigen Satz.

„Das Licht im PCR-Raum geht nicht an", eröffnet eine Doktorandin mir am frühen Mittwochmorgen. Manche Probleme löst die erfahrene TA im Sitzen mit einem einzigen Satz:

„Du musst auf beide Schalterhälften drücken!"

„Warum denn das?"

„Weiß ich auch nicht, das war schon immer so."

„Ach?" Sie geht und kommt gleich darauf wieder zurück, Unmut auf dem Gesicht.

„Es geht trotzdem nicht!"

Für andere Probleme muss die erfahrene TA allerdings von ihrem Schreibtischstuhl aufstehen.

Ich folge ihr ins Dunkel, drücke meinerseits auf die Lichtschalterhälften und weiß nicht recht, was ich mir jetzt erhoffen soll. Wenn das Licht angeht, habe ich Recht und wir können was sehen, aber die Kollegin würde es in arge Selbstzweifel stürzen. Bleibt es dunkel, ist ihr Selbstvertrauen zwar gestärkt, aber ich muss mich dann um die Reparatur kümmern.

Das Licht entscheidet sich für Tor Nummer zwei, der Raum bleibt dunkel.

In den umliegenden Räumen funktioniert das Licht allerdings, auch alle Cycler und die anderen Geräte innerhalb dieses Raumes haben Strom. An den Sicherungen liegt es also mit Sicherheit nicht.

Ich rufe bei der Haustechnik an.

„Guten Tag, AG Schleiff. In Raum 317 lässt sich das Licht nicht mehr einschalten. Könnten Sie uns bitte erleuchten?"

Im Versuch meine technischen Kenntnisse zu demonstrieren, füge ich hinzu:

„Ich habe auch beide Lichtschalterhälften gedrückt."

„Dann sollten beide Lampen brennen!"

„Tun sie aber nicht, und ich habe wirklich auf beide Schalterhälften gedrückt."

Wahrscheinlich ahnte er da schon die Wahrheit, überspielt das aber mit einem Kompliment.

„Sie haben bestimmt Erfahrung im Lichteinschalten."

„Da haben Sie Recht. Ich mache das schon seit vielen Jahren", bestätige ich.

Der freundliche Techniker verspricht, sich darum zu kümmern. Um ebenfalls etwas beizutragen, hänge ich an beide Türen unseres neuen Darkrooms Zettel, auf denen ich mich zu einer unerhörten physikalischen Behauptung versteige:

„Das Licht in diesem Raum ist kaputt."

Ich bin schließlich keine Physikerin, ich darf das so schreiben.

Zwei Stunden später erscheinen gleich drei Lichtritter. Zu Fuß, ganz ohne weiße Rösser, gewandet in blaue Arbeitsmonturen statt in schimmernde Rüstungen, nehmen sie den Kampf gegen die Dunkelheit auf. Wie sich herausstellt, sind in der Deckenlampe beide Leuchtstoffröhren durchgebrannt.

„Die linke hat länger durchgehalten", diagnostiziert der Lichtritter auf der Leiter.

„Daher konnten Sie nur mit einem der beiden Schalter noch Licht machen und mussten immer beide drücken, um den richtigen zu erwischen."

Ich bin erschüttert.

Was für eine tragische Seifenoper hat sich da unbemerkt an unserer Zimmerdecke abgespielt. All die Jahre waren die beiden Leuchtstoffröhren an der Zimmerdecke durch eine unüberbrückbare Distanz getrennt, unerreichbar füreinander. Vielleicht wollten sie damals gemeinsam durchbrennen, doch aus einer technischen Laune des Schicksals heraus verstarb nur die eine, und die andere blieb als Witwenlampe zurück, mit nichts als Schmerz in ihrem Leuchtstoffherz.

Die drei Lichtritter gehen. Einer hält die beiden kaputten Leuchtstoffröhren in der Hand. Wenigstens im Tode sind sie einander für eine kleine Weile ganz nah.

„Nach Jahren der Einsamkeit folgte unsere geliebte Leuchtstoffröhre ihrem langjährigen Partner ins Licht und ließ uns im Dunkeln zurück".

Ich brauche ein Taschentuch!

Degenerative Scharnieritis

Der Montag begann mit einer seltsamen Frage:

„Wusstest du, dass uns eine Tür fehlt?"

Nun habe ich mich, im Gegensatz zu der fragenden Masterstudentin, daran gewöhnt, dass in unserem Labor manchmal Gegenstände unangekündigt an andere Orte verbracht werden, aber ganze Türen?

Die Dinger werden selten verliehen, laufen außerordentlich selten davon, entwickeln wenig Eigeninitiative oder Wanderlust. Die Männer von der Haustechnik interessieren sich in letzter Zeit ausschließlich für unsere Brandschutzklappen, dürften also auch keine Tür zur Überarbeitung mitgenommen haben.

„Nein, welche denn?", hakte ich nach.

„Im Chemikalienraum. Eine Tür vom Chemikalienschrank."

„Die hatte ein kaputtes Scharnier und muss ausgetauscht werden", klärte mich meine TA-Kollegin wenig später auf.

Damit war immerhin das erste Türproblem dieser Woche gelöst. Es sollte nicht unser einziges bleiben.

Am nächsten Morgen erschien eine Doktorandin bei mir im Labor.

„Weißt du, dass die Klappe von der Eismaschine angebrochen ist?" Ich schaute sie schweigend an.

„Das linke Scharnier ist kaputt", setzte sie hinzu.

„Ich kümmere mich gleich darum", beruhigte ich sie.

Woher kommt bloß diese plötzliche Häufung von defekten Scharnieren? Daran, dass es die meist genutzten Türen erwischt, sprich am Verschleiß, kann es nicht liegen.

Da muss eine Krankheit am Werk sein. Eine hochansteckende Seuche. Bestimmt ein Ausbruch von degenerativer Scharnieritis.

Aber wie kann die sich so schnell verbreiten? Was ist der Übertragungsweg?

Da die betroffenen Türen und Scharniere sich selten untereinander auf Körperkontakt annähern, überträgt sich die Infektion entweder durch die Luft oder wir, meine Kollegen und ich, sind die Überträger.

Wie auch immer, wir mussten handeln, die Ausbreitung der Seuche stoppen und gleichzeitig dafür sorgen, dass die tägliche Arbeit halbwegs ungehindert fortgesetzt werden konnte.

Die angebrochene Eismaschinenklappe kurierten wir vorerst mit Duct tape. Dieses feste silberne Klebeband, mit dem man vom Atomreaktor bis zum Space Shuttle alles reparieren kann. Da wird es für die Klappe unserer Eismaschine wohl auch reichen, bis das Ersatzteil geliefert wird.

Leider grassierte die degenerative Scharnieritis weiterhin mit ungebrochener Macht.

Am nächsten Tag erwischte es eines der Scharniere an der Tür des -80°C Schranks. Einer unserer Postdocs entdeckte den Riss, berichtete meiner TA-Kollegin davon, die ihrerseits zu mir kam und mir die dritte „Wusstest du"-Frage innerhalb einer Woche stellte. Da wir uns beim -80°C Schrank, der RNA-Proben und aufwendig gewonnene Pflanzenproben enthält, nicht auf eine provisorische Lösung verlassen wollten, orderte ich umgehend ein Ersatzscharnier. Dann begann ein banges Warten.

Was würde zuerst den Durchbruch schaffen? Das Ersatzteil oder das angeknackste Scharnier?

Vor ein paar Jahren ließ sich die Tür unseres anderen - 80°C selbst nach gründlicher Enteisung nur schwer schließen. Wenn ich mich recht erinnere, hing das irgendwie mit ihrem Dichtungsgummi zusammen. Der zuständige Vertreter sprach damals folgenden Satz: „Dann sollten Sie die Tür besser nicht so oft aufmachen." Ob er das einem Großkunden auch vorschlagen würde?

Das gäbe ein hübsches Schild im Supermarkt: Entnahme von Tiefkühlware täglich 10:00 – 10:01 Uhr und 14:00 – 14:01 Uhr.

Vielleicht liegt darin auch die Lösung unseres Problems. Wenn wir die -80°C Schranktür nicht mehr öffnen, kann die Hälfte der Arbeitsgruppe zwar nicht mehr arbeiten, aber dafür hält das Scharnier bestimmt bis zum Eintreffen des Ersatzteils durch. Am besten erstellen wir einen Probenentnahmeplan. Ungefähr so: Entnahme von RNA-Proben und Blattmaterial täglich 9:00 – 9:01 Uhr, Entnahme kompetenter Zellen täglich um 14:30 – 14:31 Uhr. Wird bestimmt interessant, das meinen Kollegen zu erklären.

Zwei Tage später kam das neue Scharnier bei uns an.

Für den Austausch mussten wir den Schrank abtauen, sprich komplett ausräumen. Ein logistisches Großunternehmen, und da Reservestauraum bei -80°C ein knappes Gut ist, haben wir vorher gründlich aussortiert.

Insofern hatte die degenerative Scharnieritis doch auch ihr Gutes.

Technik zum Entgeistern

Das folgende Drama begann vor ein paar Monaten.

Als ich meine erste unbeabsichtigt bei 22°C statt 37°C inkubierte Transkription in dem Thermoblock neben meinem Platz entdeckte, nahm ich das noch auf meine Kappe. Kann ja mal passieren. Beim zweiten Mal wurde ich misstrauisch. Und dann ertappte ich ihn in flagranti. Erst stieß er ein schrilles Piepsen aus, mit dem er laut Werkseinstellung signalisieren soll: „Hurra, ich habe Strom! Was darf ich jetzt für dich tun, Gebieterin?". Diesmal hörte er jedoch anschließend einfach auf zu heizen. Die Diagnose war klar: SEA (Spontane elektronische Amnesie), im Volksmund auch Wackelkontakt genannt.

In diesem Fall signalisiert das Piepsen nicht mehr Einsatzbereitschaft, sondern: „Wenn du die Konditionen nicht augenblicklich erneut eintippst, inkubieren deine Proben bald bei Raumtemperatur, ich regulier jetzt mal nix mehr." Das ist ziemlich blöde, falls man den Pieps verpasst hat, weil man sich gerade in einem anderen Raum arbeitstechnisch betätigt. Kommt ja auch mal vor. Also benutzte ich fortan einen der anderen Thermoblock, seinen kränkelnden Artgenossen schickte ich zur Kur in die Werkstatt. Ein paar Tage später war er zurück. Inklusive Ersatzkabel.

Am Telefon erklärte der Techniker mir, dass es bei der funktionstüchtigen Verbindung zwischen Stromkabel und Elektrogerät um Mikrometer ginge und das neue Kabel helfen müsste. Tat es aber nicht. War das zu glauben? Zwischen uns und der einträchtigen Zusammenarbeit stand vielleicht nur ein einziger Mikrometer. Was nun? Alles wieder auseinander kabeln und postwendend zurück in die Werkstatt? Die denken doch, wir nehmen sie nicht ernst. Was könnten die auch tun, wenn sich Gerät und Kabel dort immer tadellos ineinanderfügen? Lag möglicherweise ein Fluch auf dem Gerät? Eine unumkehrbare Verwünschung, die das Kabel in der Werkstatt passgenau sitzen und den bei uns launischen Thermoblock dort störungsfrei funktionieren ließ? Sind Exorzisten für Kleingeräte in unserem Etat überhaupt vorgesehen? Ich musste an MacGyver denken. Der hätte den fehlenden Mikrometer einfach mit Kaugummipapier überbrückt.

Da ich gerade keins zur Hand hatte, machte ich das, was die meisten Biowissenschaftler tun, die nicht MacGyver sind und sich mit einem defekten Gerät konfrontiert sehen: Ich brachte es in den Keller. Nun nahte jedoch die nächste Bachelorschwemme, und dann reichen zwei kühlbare Thermoblöcke beim besten Willen nicht aus. Also startete ich einen dritten Reparaturversuch.

Auf den Arbeitsauftrag für die Werkstatt schrieb ich diesmal groß und deutlich „Wackelkontakt!". Und etwas kleiner darunter „oder verflucht!?". Nur zur Sicherheit, falls sich ein Hobbyexorzist unter den Technikern befindet.

Neues vom Thermoblock

Beim ersten Blick in das von der Werkstatt zurück geschickte Paket weiß ich Bescheid.

Ich könnte den Deckel wieder schließen und die Kiste mit dem Thermoblock einfach wieder in den Keller bringen. Da ich darauf aber absolut keine Lust habe, packe ich das Gerät dennoch aus und stelle es an seinen angestammten Platz.

„Funktioniert er wieder?", erkundigt sich mein Kollege erfreut. Ich halte wortlos das nagelneue Kabel hoch. Er versteht und verfolgt gespannt mein weiteres Vorgehen. Das laute Piepsen, das gleich darauf durch das Labor tönt, bringt die Gewissheit: Auch bei diesem Kabel fehlt der entscheidende Mikrometer, dessen Überbrückung das Gerät von seiner SEA (Spontane elektronische Amnesie) kurieren könnte.

„Wir schicken ihn besser nicht nochmal in die Werkstatt, unsere Kabelkiste ist voll", stellt mein Kollege fest und widmet sich wieder seinen Proben.

Ein Masterstudent aus dem Nachbarlabor kommt herein.

„Ist bei euch die nächste halbe Stunde ein Thermoblock frei?" Ich blicke von meinem Monitor auf.

„Ja, aber der ist ein bisschen zickig."

„Macht nichts, ich kann gut mit Thermoblöcken!"

Er schaltet den problembeladenen Thermoblock ein, stellt die gewünschte Temperatur und geht raus.

Kaum ist die Tür hinter ihm ins Schloss gefallen, piepst der Thermoblock. Mein Kollege gibt dem Gerät einen genervten Klaps, stellt die Temperatur neu ein und macht sich mit seinen Proben schleunigst in Richtung

Sterilbänke davon. Der Masterstudent betritt wieder die Szene. Er wirft einen prüfenden Blick auf das Display. „Läuft doch." Lächelnd platziert er seine Proben in den nun beheizten Vertiefungen und geht. Was nun?

Einerseits habe ich keine Lust, in den kommenden 30 Minuten ständig von meiner Tabelle aufzuspringen, um das Gerät zur Räson zu bringen, aber den hoffnungsvollen Nachwuchswissenschaftler desillusionieren? Ihm den Glauben an seine technischen Fähigkeiten nehmen? Das kann ich nicht mit meinem Gewissen vereinbaren, und weil Sitzen ja des Teufels neuestes Hobby ist, stehe ich in den nächsten 30 Minuten dreimal auf. Durch wiederholtes Draufschlagen und Neueinstellen gelingt es mir, den Thermoblock auf der eingestellten Temperatur zu halten, bis der junge Mann zurückkehrt.

„Na, bitte!", verkündet er triumphierend nach einem Blick auf das Display. Ich stehe zum vierten Mal auf und trete hinzu. „Du hast wirklich einen guten Draht zu Thermoblöcken", bestärke ich seinen Enthusiasmus. Er nimmt seine Eppis und geht hochzufrieden nach nebenan.

In mir allerdings regt sich ein Hauch von Zweifel. War mein Handeln nun unklug, kollegial oder verlogen? Wie oft soll ich so einen heldenhaften Geheim-TA-Einsatz in Zukunft abziehen?

Über all diese Fragen werde ich nachdenken, während ich den fehlerhaften Thermoblock ins Depot für Elektroschrott bringe und einen neuen bestelle.

Flachbandkabelbruch

Hinter meinem Rücken drängeln sich vier Kollegen und beobachten, wie ich den Deckel eines unserer Cycler, an dessen Front ein grüner Lichtpunkt leuchtet, millimeterweise vorschiebe. Die Spannung im Raum ist mit Händen zu greifen.

Ich komme mir vor wie ein Bombenentschärfer, der sich anschickt, den roten Draht zu durchtrennen, wohl wissend, dass dieser in wenigen Sekunden die alles vernichtende Explosion auslösen könnte.

Dann überschlagen sich die Ereignisse. Der Deckel nähert sich der kritischen Distanz, das Licht bleibt grün, schon heben sich Hände zum Applaus…da erlischt das Licht. Die Spannung entlädt sich in einem enttäuschten Seufzen.

Mein Publikum zerstreut sich, und ich begebe mich schnurstracks zum Telefon.

Das Problem ist: 5mm bevor der Deckel des Cyclers einrastet, erlischt das grüne Licht an seiner Vorderfront, welches die Verbindung mit dem Hauptrechner anzeigt. Ohne Hauptrechner läuft auch kein PCR-Programm.

Am Telefon beschreibe ich dem Techniker der Herstellerfirma die Symptome unseres Cyclers. Stille am anderen Ende der Leitung.

„Hallo? Sind Sie noch dran?", rufe ich in den Hörer.

„Von diesem Fehler höre ich zum ersten Mal."

Ein Gefühl von Stolz steigt in mir auf. Wir sind Pioniere! Wir betreten Neuland. Na gut, unser Cycler, aber wir haben ihn dorthin gebracht. Ob wir dafür eine Prämie bekommen? Wäre unser Cycler ein Mensch, dürften wir außerdem jetzt dieses Gebrechen benennen.

Der Techniker meldet sich noch einmal.

„Hm, 5mm vor dem Einrasten, sagen Sie?"

„Grob geschätzt. Ausgemessen habe ich die Distanz nicht."

„Könnte das Flachbandkabel sein." Diesen Fachbegriff habe ich noch nie gehört, aber ich ahne was er meint.

„Das gestreifte Metallband, das hinten im Cycler verschwindet?"

„Genau. Das wird jedes Mal beansprucht, wenn Sie den Deckel auf und zu machen."

Das könnte passen. Unsere Cycler müssen tatsächlich jeden Tag Höchstleistungen erbringen. Ein Flachbandkabelbruch entspricht also quasi einem Ermüdungsbruch bei Spitzensportlern. Doch während im Hochleistungssport eine Armada von Trainern dafür sorgt, dass die Sehnen der Sportler auch genug Zeit zum Regenerieren bekommen, müssen unsere Cycler ohne jedwedes Trainingspersonal auskommen.

Wäre das am Ende meine Aufgabe als technische Assistentin gewesen? Einen Einsatzplan für unsere Elektrogeräte zu erstellen, der nicht nur Trainings- und Einsatz-, sondern auch Regenerations- und Ruhezeiten berücksichtigt?

Auf jeden Fall kann die Firma jetzt einen neuen Fehler in ihren Katalog aufnehmen, und wir dürfen diese Fehlfunktion benennen:

„Schleiffscher Flachbandkabelbruch", klingt doch gut.

Aller guten Dinge

Um die notwendige Ausstattung mit Utensilien und Geldern für einen reibungslosen Laborablauf zu beschaffen, muss man manchmal ungewöhnliche Wege gehen. Wenn man medizinisches Klebeband von der Apotheke unserer Uniklinik bestellen möchte zum Beispiel. Das geht ausschließlich per Fax.

Leider ist unser Faxgerät kapriziös wie eine echte Diva. Das schickt einen Brief nicht einfach so raus, da könnte ja jeder kommen. Ich drücke auf ‚Senden' und warte auf seine Entscheidung.

Vor 70 Jahren hätte die Zustellung meines Briefes noch mehrere Tage gedauert, andererseits hätte man die Klebebänder gleich hinter dem berittenen Kurier, der das Formular überbracht hat, aufs Pferd binden können. Das Faxgerät piept. „Verbindung fehlgeschlagen".

Sollte ich mein Formular einfach per Brieftaube schicken?

Ich lege es neu ein, tippe die Faxnummer und drücke auf ‚Senden'.

Bei meinem Vater in der Firma gab es früher ein Rohrpostsystem. Per Druckluft wurden verschraubte Plexiglaskapseln mit Nachrichten quer durchs Gebäude gepustet, am Ziel landeten sie weich in den gepolsterten Eingangskörben. Könnte man sowas nicht auch zwischen den verschiedenen Campussen installieren? Das würde sich am Himmel über Frankfurt doch bestimmt gut machen.

Das Faxgerät piept. „Verbindung fehlgeschlagen". Also: Einlegen, eintippen, senden. Das Faxgerät denkt nach. Ich auch.

In 50 Jahren werde ich wahrscheinlich durch einen ins Gehirn implantierten Chip mit der Apotheke kommunizieren. Dann brauche ich meine Bestellung nur zu denken, und schon weiß die Apotheke, was ich haben will. Zur Authentifizierung denke ich meinen Benutzernamen vorwärts in Groß- und Kleinbuchstaben mit Zahlen und Sonderzeichen und tanze zugleich meinen Namen rückwärts auf elbisch.

Es piept. „Verbindung ok". Donnerwetter, das ging schneller, als wenn ich die Brieftaube samt Bestellformular in eine Plexiglaskapsel gestopft und diese dann persönlich zu Pferde in die Apotheke gebracht hätte. Später kommt einer unserer Postdocs zu mir.

„Kannst du das Faxgerät bedienen?"

Da ich ja letztendlich erfolgreich war, bejahe ich seine Frage. Auf dem Weg ins Sekretariat wedelt er mit einem Bündel Blätter.

„Ein Antrag auf Fördergelder. Leider muss ich den per Fax schicken. Ich habe es schon dreimal versucht, aber die Verbindung kommt nicht zustande."

Im Ausgabefach des Faxgerätes liegen sechs Sendebestätigungen. Offenbar ist die Diva nicht nur launisch, sondern flunkert auch gern.

„Hoffentlich schickt mir die Apotheke jetzt nicht die dreifache Menge Klebeband", überlege ich.

„Also in meinem Fall hätte ich gegen die dreifache Menge nichts einzuwenden", lacht er, und während wir das Büro verlassen, erreicht mich ein Gedanke aus der Zukunft: „Wenn Ihnen unser Klebeband gefallen hat, interessieren Sie sich vielleicht auch für unser Verbandszeug?"

Nippel und Lasche

„Ich schicke Ihnen eine Transportkiste für Ihre Tischzentrifuge!"

Mit diesem Satz hat alles angefangen.

Tags darauf kommt ein riesiger Pappkarton an, der wiederum einen kleineren Karton enthält und der enthält einen noch kleineren Karton nebst Plastikbeutel. Russische Matroschka sind nichts dagegen.

Nachdem ich das kleinste Paket ausgeleert habe, liegen zwei rätselhafte Gegenstände vor mir. Ein weißer, dicker Styroporzylinder und eine weiße Styroporleiste mit schwarzer Abschlusskante.

Mein geschulter Blick erfasst deren Zweck auf Anhieb: Transportsicherungen! Die kenne ich schon vom PCR-Cycler verpacken. Heute geht es aber um eine Tischzentrifuge, da betrete ich Neuland. Soll ich die Zentrifuge in den großen und den Rotor in den kleinen Karton packen? Wo gehört dann der weiße Zylinder hin?

Ich probiere ein wenig herum, aber nichts will so recht zusammenpassen.

Packe ich den weißen Zylinder in den Rotor, geht der Deckel nicht zu, und die kleine Kiste passt nicht in die große. Und wo bitteschön soll die Styroporleiste mit der schwarzen Abschlusskante hin? Intuitives Einpacken geht anders.

Ob ich den Vertreter anrufen und nach einer Anleitung fragen sollte? Wegen einer Transportsicherung?

Das Ersinnen von komplexen Verpackungen muss mittlerweile ein eigener Berufszweig sein. Nicht nur für Geräte, auch für Chemikalien.

Neulich kam eine altgediente Doktorandin mit der Frage zu mir: „Wie kriege ich den neuen Eimer Agar auf?"

Zuerst begriff ich gar nicht, was sie meinte. Konnte es wirklich so schwer sein, einen Eimer zu öffnen? Ich folgte ihr in den Chemikalienraum. Der betreffende Eimer war rechteckig. An der Oberkante gab es einen breiten Überhang, den an einer unvermuteten Stelle die Aufschrift „Hier ziehen" zierte. Damit hatte die Doktorandin auch bereits angefangen, nach wenigen Zentimetern jedoch aufgegeben, unsicher darüber, ob ihr Tun kein Unheil anrichtete. Da ich dazu absolut keinen Anlass erkennen konnte, packte ich die Öse am Anfang des Überhangs und zog beherzt, wodurch sich das gesamte untere Drittel der Deckelunterkante des Eimers wie die Schale einer reifen Frucht löste. Hernach ließ sich der Restdeckel kinderleicht abnehmen und wieder schließen.

Also fasse ich mir, wie die Doktorandin damals, ein Herz, und bitte einen technisch versierten Doktoranden, mir beim Einpacken der Tischzentrifuge zu helfen. Zuerst begreift er gar nicht, was ich meine.

„Kann es wirklich so schwer sein, eine Zentrifuge einzupacken?" 30 Sekunden später ist er überzeugt, und während wir gemeinsam nach und nach die richtigen Positionen für Kegel und Abschlusskante finden, singen wir den Mike Krüger Evergreen: „Sie müssen nur den Nippel durch die Lasche ziehen…"

Kulinarisches

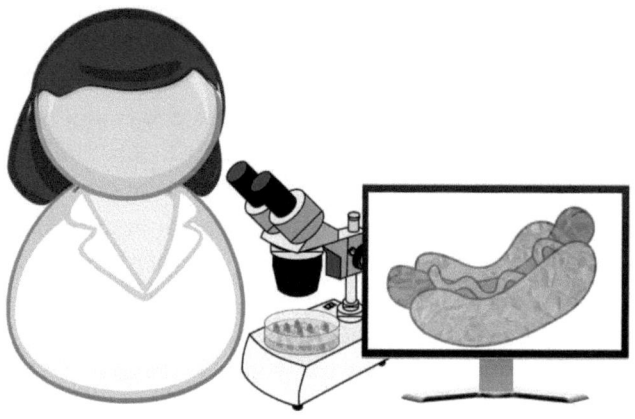

An der Uni ist es wie anderswo: Wer arbeitet, bekommt früher oder später Hunger. Dann isst man entweder in der Teeküche etwas Mitgebrachtes, kauft sich etwas in einem der campusnahen Supermärkte oder geht in die Mensa. Und, man höre und staune, auch dort passieren Geschichten, sind unsere Mensen doch viel mehr als bloße Gourmettempel, sondern Begegnungsstätten. Bei einem gepflegten Essen tauscht man hier die letzten Forschungsergebnisse und den neuesten Klatsch aus, philosophiert über filetiertes Geflügel und verkostet so exotische Gerichte wie ‚Wurmgewusel'.

Eigentor oder Mittag mit Wespe

Heute speisen wir auf der spätsommerlich warmen Mensa-Terrasse. Bei herrlichem Blick auf die Frankfurter Skyline machen wir uns über Cordon bleu mit grünen Bohnen an Sauce chasseur her. Leider nicht allein. Bereits nach zehn Sekunden ist die erste Wespe da, Sekunden später kommt Schwester Nr.225 angeschwirrt und bringt noch andere Schwarmgeschwister mit.

Eine Minute später isst keiner von uns mehr. Wir brauchen alle Hände, um die vermaledeiten Viecher aus unseren Tellern fern zu halten. Bloß, wie stellt man das an? Laut Ratgeberseite in der Boulevardpresse soll man sie nicht wegpusten. Das in unserem Atem enthaltene Kohlenmonoxid macht Wespen aggressiv, genauso wenig soll man nach ihnen schlagen oder sie gar töten. Jegliche Körperverletzung provoziert die betroffene Wespe persönlich zum Angriff, bei Totschlag setzt das Opfer Pheromone frei, welche wiederum die von der Schandtat betroffenen Artgenossen zur unmittelbaren Vendetta veranlassen. Derlei Erkenntnisse beruhen selbstverständlich auf den neuesten Forschungsergebnissen.

Was bleibt dann zur Verteidigung übrig? Auch hier hilft uns die Boulevardpresse weiter: Das Beste sei es, die Tierchen sanft mit der Hand von sich wegzuschieben. Tolle Idee! Fehlt nur noch der Hinweis, sie vorher höflich zu bitten.

Hoffentlich hat von meinen Kollegen keiner den Artikel gelesen. Ich möchte den Leuten am Nachbartisch nicht erklären müssen, warum jemand an meinem Tisch versucht, die Wespen aus seinem Teller zu argumentieren.

Vor 20 Jahren, als sich die Menschen noch ohne Ratgeber zu helfen wussten, entledigte sich meine Großmutter der Wespen mit Hilfe der guten alten Fliegenklatsche. Noch vor zehn Jahren zerquetschte mein Chef in München die Biester mit einem blitzschnellen Klatschen zwischen den bloßen Händen. Beider Opfer blieben stets ungerächt. Zu Großmutters Zeiten gab es noch keine schlauen Ratgeber, und mein früherer Chef hat sie vermutlich nie gelesen. Recht so! Man sieht ja, wohin das führt. Unsere eigenen Forschungsergebnisse machen uns wehrlos gegen die geflügelten Biester.

Die Wespen dagegen haben keine Ratgeber gelesen und befinden sich damit klar im Vorteil.

Das aufdringlich sumsende Gesindel macht uns zunehmend aggressiv. Wir packen unsere Tabletts und flüchten nach drinnen.

Geschlagen, aber dafür wespenfrei beenden wir unser Mahl, während wir durchs Fenster die tapferen Kämpfer beobachten, die dem Viehzeug Widerstand leisten.

Einer von ihnen verpasst einer Wespe im Landeanflug auf seinen Nachtisch eine volle Breitseite mit dem Suppenlöffel, die das Insekt bis auf den Nachbartisch fegt.

Der Anblick stimmt mich nachdenklich, sind wir doch ein naturwissenschaftlicher Campus. Es waren Mitglieder unserer Zunft, die die Erkenntnisse betreffend Kohlenmonoxid und Pheromonen gewonnen und somit die Ratgeberseiten in der Presse ermöglicht haben. Das nennt man dann wohl ein klassisches Eigentor. Denn was bleibt uns nach all der Forschung als effektivstes Abwehrmittel? Flucht und Löffel.

Dr. Lecters Molekularküche

Der erste Anflug von Skepsis ereilte mich beim Blick auf die Menüanzeige am Eingang der Mensa:

„Gehacktes Fleisch mit Glubschaugen, Krötenschlick und Wurmgewusel"

Als erstes schweiften meine Gedanken zu der Frage, wo es wohl Glubschaugen zu kaufen gibt und ob diese einzeln oder im Dutzend angeboten werden. Dann wurde mir der Wahnwitz des aufgeführten Mahles bewusst und ich konzentrierte meine Gedanken wieder auf den Bildschirm. Krötenschlick und Wurmgewusel. OK, irgendwas war da seltsam. Das Ganze erinnerte stark an eine Dschungel-Prüfung. Ich warf einen schnellen Blick in die Runde, entdeckte aber keine Kameras. Der vorhandene Dschungel war auch eher spärlich. Eine dschungellose Dschungel-Prüfung ohne Live-Übertragung? Die nehmen uns wohl nicht ernst. Aber sei's drum.

Als kulinarischer Feigling wählte ich ein Schnitzel. Da weiß man wenigstens ungefähr, woraus es besteht. Meine Kollegin hingegen, ein waghalsiges Gemüt, stürzte sich ins Abenteuer, und so kam die Wahrheit ans Licht. „Gehacktes Fleisch, Krötenschlick und Wurmgewusel" entpuppten sich als Spaghetti mit Spinathackfleischsoße, dekoriert mit zwei „Glubschaugen" in Form von Klecksen weißer Soße, jeweils gekrönt von einer halben Olive. Sozusagen ein Gaumenschmaus mit Augenschmaus.

Sterne waren unter den Spaghetti allerdings keine verborgen, daher mussten wir unser Essen selbst bezahlen.

In der Warteschlange vor der Kasse rastete die Erkenntnis in meinem Kopf ein: Es war der 31. Oktober.

Irgendwie enttäuschte mich dieses geradezu infantile Halloweengericht.

Wollte die Uni mit dieser harmlosen Speisenauswahl ihre jüngeren Gäste vor seelischen Traumata schützen? Da 98% der Gäste über 18 sind und die restlichen Prozente noch nicht lesen können, eher unwahrscheinlich.

An Alternativen mangelt es ebenfalls nicht. Unsere Mensa verfügt über eine große Auswahl schmackhafter, kannibalistischer Rezepte. Gerichte von wahrlich morbider Faszination.

Beim Essen stellte ich daraus im Kopf ein würdigeres Halloweenmenü zusammen. Ihr Maître d'Horror empfiehlt heute: Einen politisch unkorrekten Zigeunerspieß, gefolgt von einem saftigen Gärtnerhacksteak oder Hausfraueneintopf, zum Dessert gefüllte Berliner. Da gruselt es einen doch schon beim Lesen. Ein solches Menü hätte selbst Dr. Lecter nicht verschmäht. Oder warum auf einem naturwissenschaftlichen Campus nicht richtige Molekularküche servieren? Dabei werden die Geschmacksessenzen (andere Zutaten kommen gar nicht erst zum Einsatz) nicht schnöde gekocht, sondern sphärisiert, gelifiziert oder entvakuumisiert. Derlei Bemühungen resultieren dann in Gerichten wie „sphärisierter Gurkenkaviar". Wäre gruselig genug gewesen.

Das Karamellkomplott

Heute gibt es in der Mensa etwas Neues. Die Kassiererin legt jedem von uns neben dem Wechselgeld eine Bewertungskarte aufs Tablett.

Alle wollen ja heutzutage bewertet werden. Einerlei was man tut, meist bekommt man hinterher eine Mail oder einen Zettel, mit dem man zur Bewertung des Erlebten ersucht wird. In aller Regel ignoriere ich derartige Aufforderungen. Wenn ich einen Onlineshop oder eine Gaststätte regelmäßig besuche, sollte das aussagekräftig genug sein.

Daher mache ich heute nur einen Haken bei dem lachenden Gesicht zur Mitarbeiterbewertung. Die Angestellten hier sind wirklich sehr nett und kompetent, das verdient Anerkennung. Damit ist der Pflichtteil der Bewertung erfüllt. Die Kür besteht aus drei Zeilen am unteren Rand des Zettels, auf die man Wünsche und Anregungen notieren kann. Da mir gerade keine einfallen, lasse ich den Platz frei.

Meine Kollegin, das waghalsige Gemüt, hat einen Vorschlag für mich und die anderen Kollegen: „Schreibt: Mehr Karamellpudding!" Karamellpudding ist ihr absoluter Lieblingsnachtisch und in den letzten Monaten hatte sie schwer zu leiden, da es ihn nicht mehr gab. Eine bunte Vielfalt schmackhafter Nachtische wurde gereicht. Bayrische Creme, Schokopudding, Milchreis, aber kein Karamellpudding. Hier ist endlich ihre Chance, das zu ändern. Die Menschheit aufzurütteln und für ihre ureigensten Interessen zu kämpfen. Mehr Karamellpudding! Einen solchen Schlachtruf hat man gewiss nicht auf vielen Feldzügen gehört.

Also lassen wir uns korrumpieren und setzen den Wunsch nach mehr Karamellpudding auf unsere Karten. Natürlich in unterschiedlichen Formulierungen, damit es nicht gar so nach Absprache aussieht. Zum Dank für unsere Kooperation und unser Schweigen dürfen wir die Pommes der rebellionsführenden Kollegin aufessen. Ein klarer Fall von Karamellpuddinglobbyismus. Um ihrem Ansuchen zusätzlich Gewicht zu verleihen, klaubt sie überdies drei liegen gebliebene Karten von anderen Mensatischen und füllt sie oben im Labor aus. Clevere Idee, in der Mensa hätte es sicher unliebsame Zeugen gegeben.

Später zeigt sie mir das Ergebnis. Ich komme nicht umhin, die darauf verwandte Akribie zu bewundern. Ihr notiertes Anliegen sieht tatsächlich auf jeder Karte anders aus.

„Zwei der Karten habe ich sogar mit links unterschrieben", verkündet sie triumphierend.

Das zeugt von enormer krimineller Energie. Ohne eingehende Prüfung durch einen Graphologen dürfte die Sache nicht auffliegen. Ich werde sie garantiert nicht verpfeifen, dann wäre ich ja wegen Beihilfe dran. Unrechtmäßiges Erschleichen von Karamellpudding heißt dieses Vergehen bestimmt. Ob es im Gefängnis Karamellpudding gibt?

Keine zwei Wochen später bekommen wir die Quittung für unsere Wahlmanipulation: Es gibt Karamellpudding! Blöderweise ist die Karamellpuddingverfechterin aber just in dieser Woche im Urlaub, und uns übrigen fällt erst auf dem Rückweg auf, dass kein einziger von uns Karamellpudding gegessen hat.

Wenn das unsere Rebellionsführerin erfährt.

Suboptimale Mittagspause

Neujahr.

Jene herrliche Zeit, in der noch nicht die komplette Belegschaft der Universität an ihren Arbeitsplatz zurückgekehrt ist, wodurch das Gedränge in den Mensen sich entzerrt und man in Ruhe speisen kann.

Allerdings hat sich wohl jemand in der Verwaltung gedacht, dass für die paar Hansel, die frühzeitig aus ihrem Weihnachtsurlaub zurück sind, die kleinste Mensa auf dem Campus ausreicht.

Leider sollte diese Rechnung nicht aufgehen.

Am Mittwoch, als wir am hungrig wie die Wölfe zur Fütterung kamen, waren nicht nur sämtliche Tabletts vergriffen, sondern auch alle Tische belegt. Teils von Mittagsgästen, teils von Leuten, die am Laptop arbeiteten. Warum sie das unbedingt zur Stoßzeit in der einzigen geöffneten Mensa tun mussten? Keine Ahnung!

Sicher hätten wir uns erst an der Essenausgabe anstellen und hinterher auf einen freien Tisch warten können. Aber keiner von uns hatte Lust, seine Mittagspause mit Warten zu verbringen. Eine optimale Mittagspause sieht laut diverser Ratgeber so aus:

Bewegung an frischer Luft: 15%
Entspannung: 25%
Nahrungsaufnahme: 65%

Blieben wir hier, wäre es wohl eher:

Schlange stehen: 60%
Drängeln: 30%
Nahrungsaufnahme: 10%

Wir mussten uns wohl oder übel nach einer anderen Futterquelle umtun, womit immerhin der Teil mit der Bewegung erledigt wäre.

Mit knurrenden Mägen machten wir uns auf den Weg zum Thai-Imbiss drei Querstraßen weiter, doch welche Enttäuschung, der Imbiss war ebenfalls geschlossen. So wird das garantiert nichts mit der optimalen Mittagspause.

Gegen das laute Knurren unserer Mägen anschreiend, hielten wir Kriegsrat und beschlossen, zum chinesischen Restaurant oben an der U-Bahn-Station zu gehen.

Neue Hoffnung erfüllte unsere Mägen beim Anblick eines Mannes, der dort in der hell erleuchteten Gaststube an einem der Tische saß, doch während wir noch die Speisekarte neben der Tür studierten, stand er auf, schaltete das Licht aus und verschwand durch eine Hintertür.

Frustriert starrten wir ihm durch die Scheibe hinterher. Das Verhältnis der drei Anteile unserer Mittagspausenteile verschob sich zusehends. Außer ,Bewegung' hatten wir noch nichts geschafft. Keine Nahrungsaufnahme und von Entspannung war ebenfalls noch nichts zu merken.

Der Unterzuckerung nahe schleppten wir uns weiter zum Supermarkt und kauften belegte Brötchen, damit wir uns endlich dem für uns wichtigsten Teil unserer Mittagspause widmen konnten: Der Nahrungsaufnahme.

<u>Mittagspausenbilanz:</u>
Bewegung an frischer Luft: 55%
Fluchen: 15%
Magenknurren: 10%
Nahrungsaufnahme: 20%

Backe, backe Kuchen

Als die Laborwelt noch übersichtlich war, gab es Diplomanden, Doktoranden und Geburtstagskuchen. Heute gibt es Bachelor, Master, Leute, die verschiedene Module absolvieren und Doktoranden. Entsprechend hat sich auch die Artenvielfalt der mitgebrachten Kuchen vergrößert.

Früher brauchte man sich die Geburtstage der Kollegen nicht zu merken, sondern ging einfach an Kuchentagen zum Wandkalender, schaute nach, gratulierte dem Betreffenden und tat dabei, als hätte man es die ganze Zeit schon gewusst.

Heute gibt es neben Geburtstagskuchen auch den:

- „Ich bin neu in der Arbeitsgruppe-Kuchen"
- „Ich habe meine schriftliche Arbeit abgegeben-Kuchen"
- „Danke für das Praktikum-Kuchen"

Als ob das alleine nicht schon verwirrend genug wäre, liegt heute ein Zettel neben der Kuchenplatte: „Von Frieda".

Was erstaunlich ist, hat es doch in unserer Arbeitsgruppe noch nie eine Frieda gegeben.

Später am Tag stellt sich heraus: es handelt sich um den Hund eines unserer Bioinformatiker.

Ein Hundekuchen also. Ob Frieda den selbst gebacken hat?

Die neueste Erfindung ist der „Schlechtes-Gewissen-Kuchen". Spontan kreiert von einer Doktorandin, die einem Masterstudenten, der versehentlich mit seinem Ellbogen den Notstromknopf gedrückt hatte, weismachte, wem das passiere, der müsse einen Kuchen backen. Da sein Kuchen wirklich lecker war, hat ihn während seiner gesamten Masterarbeit niemand über die kleine Flunkerei aufgeklärt.

Neulich hatten wir einen Doppelgeburtstag, eine Doktorandin und ein Doktorand.

Meine Kollegin und ich hatten beide Zeit und Lust, zu backen. Damit keine Unklarheiten aufkamen, einigten wir uns vorab. Meine Kollegin würde einen Frauenkuchen und ich einen Männerkuchen backen.

Im Sinne der Genderneutralität hätten wir wohl eher zwei völlig gleichwertige Geburtstagsmensch*Innen Kuchen oder derlei Unfug backen müssen, aber sei´s drum. Mein Problem war ein anderes. Was ist ein Männerkuchen? Was zeichnet den aus? Sollte ich eine Motivtorte in Busenform backen? Doppel D in essbare Spitze gekleidet? Nee, darauf hatte ich nun doch keine Lust. Im Internet fand ich ein Rezept, das sogar den Geschmack meines Kollegen traf: Ein Kaffee-Whisky-Kuchen.

Diesen stellte ich am nächsten Morgen neben den Frauenkuchen in unsere Teeküche, und schon drei Stunden später hatte ich vier Kommentare auf der analogen Bewertungsfunktion. Die Kollegen äußerten sich erst wohlwollend über den tollen Kaffeegeschmack, anschließend kommentierten sie den zugegeben nicht unerheblichen Alkoholgehalt meines Kuchens. Nach Rezeptanweisung hatte ich den gebackenen Kuchen mit 70ml Whisky getränkt und somit offenbar einen „Don't eat and drive- Kuchen" geschaffen.

Der Frauenkuchen war übrigens ein alkoholfreier, glasierter Zitronenkuchen.

„Voll liiieeeb"

Die folgende Geschichte hätte gut in einen Glückskeks gepasst, wäre sie nicht so lang gewesen. Auch in einem Poesiealbum hätte sie sich gut gemacht, gleich unter dem Aphorismus:

„Willst du glücklich sein im Leben, trage bei zu andrer Glück, denn die Freude, die wir geben, kehrt ins eigne Herz zurück". Tatsächlich hat sich diese Geschichte aber in unserer Mensa zugetragen. Dorthin geht man für gewöhnlich nicht, um sich psychisch zu regenerieren, sprich, seine schlechte Laune loszuwerden, sondern zwecks physischer Sättigung. Die ist für die dort tätigen Mitarbeiter bei dem manchmal enormen Kundendurchsatz auch wesentlich einfacher zu leisten, dafür sind sie auch ausgebildet. Neulich lernte ich jedoch, dass ein Mensabesuch auch auf andere Weise „sättigen" kann.

Irgendwie war es ein doofer Vormittag. Schlecht geschlafen, eine einzige meiner Bakterienkulturen war nicht angewachsen, weswegen ich über die gesamte DNA- Präparation ein Tara mitschleppen musste. Diese Malaise löste sich aber gegen Ende der Präparation, als mir eines der Eppis aus der Hand rutschte und sich die darin enthaltene, in Fällung befindende DNA auf meinem Tisch verteilte. Jetzt hatte ich zwar wieder eine gerade Anzahl Eppis, wirklich besser wurde meine Laune dadurch aber nicht.

Ebenso wenig beim Mittagessen.

Der Auslastungsgrad der Mensa an jenem Tag lässt sich am besten mit einem Zitat beschreiben, das ein Fremdenführer benutzte, um den Zustand in den Straßen der estnischen Hauptstadt Tallin an Tagen zu beschreiben, an denen vier Kreuzfahrtschiffe gleichzeitig im Hafen vor Anker liegen:

„Wir werden haben ein großes Drängeln!"

Nach kurzem Suchen fanden meine Kollegen und ich dann doch einen freien Tisch.

Zwei Tische von uns entfernt saß eine Gruppe junger Damen, eine davon in eine schicke schwarze Lederjacke gekleidet. Kurz bevor wir unsererseits mit dem Essen fertig waren, brach die Damengruppe auf.

Als wir beim Hinausgehen unsere Tabletts an dem just verlassenen Tisch vorbeitrugen, entdeckte ich unter dem Stuhl der Lederjackenträgerin einen Motorradhelm.

Wie blöde, dachte ich. Die ist jetzt sicher schon weg. Irrtum. Auf dem Weg zum Ausgang entdeckte ich plötzlich die lederbejackte junge Dame, die sich eben mit einer ihrer Begleiterinnen über die Eistruhe beugte.

Also aktivierte ich mein Notfalldepot für Freundlichkeit, machte auf dem Absatz kehrt, sprintete zurück, angelte den Helm unter dem Stuhl hervor, rannte zur Eistruhe und hielt ihn der jungen Dame hin, die das gute Stück offensichtlich noch nicht vermisst hatte.

Überrascht riss sie die Augen auf, drückte den Helm an sich wie ihr erstgeborenes Kind und strahlte mich an.

„Danke! Voll liiieeeb!"

Voller Euphorie zog sie ihre Freundin an der Schulter aus der Eistruhe und zeigte ihr den Helm.

„Guck mal, den hab ich vergessen, und die Frau hat ihn mir gebracht. Voll liiieeeb, oder?" Die Freundin nickte und vertiefte sich wieder in die Eistruhe.

Die Lederjackendame betrachtete liebevoll ihren Helm. Ich wollte ihr Glück nicht stören und wandte mich zum Gehen.

„Danke! Echt voll liiieeeb", rief sie mir zum Abschied nach.

Beim Anblick ihres glücklich strahlenden Gesichts spürte ich in meinem Herzen die Sonne aufgehen.

Von Hochgefühl erfüllt, verließ ich mit meinen Kollegen die Mensa. So einfach kann man einen völlig unbekannten Menschen glücklich machen, was im Umkehrschluss wiederum einen selbst glücklich macht, wenn einen der Betreffende aus sämtlichen Knopflöchern anstrahlt.

Eine klassische Win-Win-Situation.

Forschungsergebnis des Tages: Freude ist ansteckend.

Als wir kurz darauf ins Labor zurück kamen fühlte ich mich satt, zufrieden und voll liiieeeb.

Erklärung für Nichtbiowissenschaftler:

Tara bezeichnet das Gegengewicht, mit dem man beim Zentrifugieren eine Unwucht vermeidet (s.S.37)

Zwischenmenschliches

Unsere Arbeitsgruppe zählt zwischen 25-45 Personen, je nachdem wie viele Bachelor und Master Studenten gerade bei uns tätig sind. Hinzu kommt gelegentlich noch der eine oder andere Schulpraktikant oder auch mal ein Gastprofessor. Wenn so viele Menschen zusammen an einem Ort arbeiten, lassen sich gelegentlich Missverständnisse, Reibereien und Unmut kaum vermeiden. Ebenso kommt es zu Kontakten mit Menschen von außerhalb der Gruppe. Seien es Kollegen, Lieferanten, Techniker oder Vertreter.

Anfängerfallstricke: KO- Tropfen

Ich weiß nicht, was anderen TAs in den ersten Monaten ihres Berufslebens durch den Kopf ging. Bei mir hörte sich das ungefähr so an: ‚Jetzt wird es ernst. Jetzt musst du beweisen, was du in der Schule gelernt hast, das Erlernte in die Tat umsetzen, zeigen, was du kannst, keine Fehler machen oder wenigstens nix Schlimmes. Denk dran, du bist in der Probezeit'.

Ich entspannte mich aber, als ich merkte, dass ich gut ausgebildet war, nette, hilfsbereite Kollegen und einen prima Chef hatte, der mir bald die alleinige Verantwortung für die Bestellungen von Chemikalien und Verbrauchsmaterial übertrug. Eine Aufgabe, die ich fortan gewissenhaft ausführte.

Auch an jenem Tag, an welchem eine Doktorandin mich bat, Chloralhydrat für sie zu bestellen. Eine Bitte, der ich später am Tag arglos nachkam. Eine Stunde später brachte unsere Sekretärin ein Fax der Firma an. Es handelte sich um ein dreiseitiges Formular, in welchem ich aufgefordert wurde zu belegen, WOZU ICH CHLORALHYDRAT BRÄUCHTE?

Nervös eilte ich von Labor zu Labor auf der Suche nach der Auftraggeberin. Die könnte mir sicher beim Ausfüllen des Formulars helfen und mir überhaupt erst mal erklären, warum das der Firma so wichtig zu wissen war. Aber ich fand sie nicht. Ein anderer Kollege meinte sich zu erinnern, dass Chloralhydrat unter anderem der Hauptwirkstoff in KO- Tropfen ist. Es lief mir kalt über den Rücken. Was würde die Firma von uns denken, wenn wir das Formular nicht postwendend zurückschickten? Ehrbare Forscher wissen schließlich, wofür sie derartiges Teufelszeug kaufen. Zutiefst verunsichert zermarterte ich mein Gehirn auf der Suche nach Informationen über die Eigenschaften von Chloralhydrat. Nichts. Hatte ich etwa an jenem Tag in der Berufsschule gefehlt, oder geschlafen? Jetzt rächte sich das. Ich hatte keine Ahnung, die Doktorandin war verschwunden, und mein Chef war nicht da. Folglich hielt uns die Firma in meiner Vorstellung die nächsten 16 Stunden für einen Verein verkappter Triebtäter.

Ich schlief nicht gut in dieser Nacht, war ich doch als Kontaktperson für die Bestellung angegeben. Gewiss stellte die verzögerte Rücksendung eines Fragebogens über die Verwendung von KO- Tropfen einen Verstoß gegen das Betäubungsmittelgesetz dar. Zweifellos erwartet mich morgen im Labor ein SEK, darauf lauernd mich in Ketten zu legen und zum Verhör in einer abgedunkelten Kammer abzuführen, um den Rest der Gesellschaft vor meinen liederlichen Ambitionen zu schützen.

Seltsamerweise geschah nichts dergleichen.

Statt zum Verhör in eine dunkle Kammer ging ich am nächsten Morgen ins Büro meines Chefs. Verschüchtert berichtete ich von den gestrigen Ereignissen und gestand mein verzögertes Abschicken des Formulars. Nachdem er fertig gelacht hatte klärte er mich dahingehend auf, dass KO- Tropfen nicht nur als Partydroge, sondern auch zum Anfärben von Pflanzenembryonen verwendet werden können. Wir füllten das Formular gemeinsam aus, und zwei Tage später wurde das Chloralhydrat anstandslos geliefert. Ich verarbeitete es an der Seite der Doktorandin in einer Embryonalfärbung und war um eine Erfahrung reicher: Ruhig bleiben!

Wieso, weshalb, warum?

Praktikanten bringen Abwechslung in den täglichen Arbeitstrott. Plötzlich hinterfragt man althergebrachte Dinge, die man bislang unter dem Motto „So ist das eben", abgelegt hatte.

Am ersten Praktikumstag beginnen mein Praktikant und ich mit ein paar einfachen Aufwärmübungen: Platten gießen und PCR ansetzen. Für den ersten Punkt brauchen wir unter anderem Agar.

„Agar ist ein Polysaccharid, das aus Algen gewonnen wird. Sobald das Medium in den Petrischalen abkühlt, wird es durch den gelierenden Agar verfestigt. Das machen die Veganer mit ihrem Pudding auch so", doziere ich beim Einwiegen der Ingredienzien. Mein Praktikant nickt gelehrig.

Für den zweiten Punkt auf der Liste gießen wir ein Agarosegel. „Agarose ist ein Polysaccharid, das aus Algen gewonnen wird", erkläre ich.

Mein Praktikant nickt nicht. Da erst wird mir die Gleichartigkeit meiner Ausführungen bewusst. Ihm leider auch.

„Was ist denn der Unterschied zwischen Agar und Agarose? Weshalb nehmen wir diesmal keinen Agar?", begehrt er zu wissen.

Oha! Die gute Nachricht ist, er hört mir zu und denkt mit. Die schlechte, ich weiß es nicht. Die Antwort: Agarose ist teurer, kann allenfalls ein Teil der Wahrheit sein und würde gewiss weitere Fragen nach sich ziehen, z.B. ein begreifliches Warum? Dass Agar für Nährmedien und Agarose für Nukleinsäure-Gele eingesetzt wird, scheint mir ebenfalls eine unzureichende Erklärung. Das hat er ja selbst schon festgestellt.

Doch mein Praktikant soll mich nicht gleich vom ersten Tag an für unwissend halten, soll ich doch für die kommenden zwei Wochen sein Meister Yoda sein.

„Das erkläre ich dir später. Gieß erstmal das Gel, bevor die Agarose fest wird", ziehe ich mich elegant aus der Affäre. Sobald das getan ist, schicke ich meinen Skywalker zum Wasser holen in den Flur und gebe die Frage an meine Backbordkollegin weiter. Sie blickt verwirrt. „Weiß ich auch nicht." Oha! Die gute Nachricht ist, ich bin nicht die einzige Unwissende. Die schlechte, er kommt zurück. Unter dem Vorwand, die Kollegin bräuchte ebenfalls Wasser, schicken wir ihn erneut vor die Tür, dann konsultiere ich schnell das Internet.

Als wir später das Agarosegel auf dem UV- Schirm platzieren, gebe ich mein aufgefrischtes Wissen weiter.

„Ach, du wolltest doch wissen, was der Unterschied zwischen Agar und Agarose ist. Agarose ist der Hauptbestandteil des Agars, gewissermaßen sein Klebezucker. Worauf übrigens auch die Endung hinweist. Alle Zucker enden auf –ose. Saccharose, Fruktose, Glukose usw." Genial! Gleich noch ein bisschen chemisches Grundwissen eingestreut. Wieso fällt mir dieser –ose Zusammenhang erst jetzt auf? Egal, mein mentorischer Auftrag ist noch nicht gänzlich erfüllt.

„Im Reinzustand enthält Agarose viel weniger negative Ladungen, dadurch werden die negativ geladenen Nukleinsäuren besser aufgetrennt", beende ich meine Ausführung.

Er nickt. Ich bin stolz. Gelernt wir beide etwas haben.

Mein Partnachklamm- Trauma

Vor 20 Jahren nahm ich an meinem allerersten Betriebs-
ausflug teil, organisiert von einer bayrischen Universitäten.

Es war Ende Oktober, und die Außentemperatur lag bei
erfrischenden -5°C.

Beim morgendlichen Blick auf das Thermometer be-
schlichen mich erste Zweifel ob der für den Ausflug ge-
wählten Jahreszeit. Ich packte mich warm ein: Winter-
mantel, Mütze, Handschuhe, extralanger Schal. Dass ich
für das „Unternehmen Partnachklamm" mit einer kom-
pletten Polarausrüstung besser beraten gewesen wäre,
ahnte ich zu diesem Zeitpunkt noch nicht.

Am Treffpunkt wartete eine überraschend kleine
Gruppe tapferer Weggefährten, die wie ich bereit waren,
sich ins Abenteuer zu stürzen. Allein die Tatsache, dass
es sich dabei ausschließlich um Neulinge handelte (die
alten Hasen gingen wohlweislich zur Arbeit ins beheizte
Labor) hätte mir eine Warnung sein sollen.

Unser erstes Ziel war eine mittelgroße, mittelalte und
mittelinteressante Steinkirche, gelegen auf einer Art
Almwiese.

Was genau wir dort besuchten, ob Andacht oder Orgel-
konzert, weiß ich nicht mehr, jedenfalls saßen wir eine
gute Stunde regungslos auf den Bänken des unbeheizten
Gotteshauses.

Sie erinnern sich? Es war Ende Oktober und -5°C.

Die folgenden 60 Minuten vermittelten uns einen Einblick in das Körperempfinden von Igeln, welche im
Spätherbst unter einem Laubhaufen liegend darauf warten, in den Winterschlaf zu entschweben.

Eine Stunde später quälten wir unsere kältestarren Glieder zurück in den Bus, der uns zu unserem zweiten Ziel bringen sollte: Die Partnachklamm.

Eine 700m lange und 80m tiefe Schlucht, welche ein wildschäumender Fluss durchbraust und die auf einem schmalen Steig durchwandert werden kann. Dem Wanderer tropft dabei permanent eisiges Wasser in den Nacken, während die schäumende Gischt ihm Kleider und Füße durchnässt. An 30°C warmen Sommertagen gewiss eine wunderbare Erfrischung, aber heute?

Zur Erinnerung: Es war Ende Oktober und   -5°C. Warum sind wir nicht im Sommer hier gewesen?

Vermutlich hat sich der Organisator von dem Werbeversprechen blenden lassen. Im Winter, verheißt eine Tafel am Eingang der Schlucht, sei ein einzigartiges Naturschauspiel aus meterlangen Eiszapfen und Eiswänden zu bewundern.

Dummerweise ist es Ende Oktober in Bayern zwar kalt, aber eben noch nicht Winter. Eher so eine Art Missing Link zwischen Spätherbst und Frühwinter, sozusagen Werbst oder Hinter.

Es war also zu warm für das einzigartige Naturschauspiel, aber kalt genug, um sich den Tod zu holen. Erwähnte ich schon, dass es Ende Oktober und -5°C waren?

Zählt eine Gruppe weißblau gefrorener Laborarbeiter in Bayern als einzigartiges Naturschauspiel?

Benutzt die Universität derartige Ausflüge gar, um die Akklimatisierung ihrer neuen Angestellten an das bayrische Klima zu prüfen?

In unserem Fall war die Selektion jedenfalls erfolgreich. Am nächsten Tag erschienen mehrere meiner Weggefährten nicht zur Arbeit, während die hartgesottenen von uns sich der mit einem wissenden Lächeln vorgebrachten Frage der alten Hasen stellen mussten: „Na, wie war's?"

Lonesome Pipetter

Neulich kam ich am Platz eines unserer dienstälteren Doktoranden vorbei und musste einfach stehen bleiben und staunen. Er pipettierte.

An sich keine große Sache, das tun in einem Labor viele, allerdings präsentierte sich meinen Augen hier eine wahrhaft außergewöhnliche Entsorgungstechnik der benutzten Spitzen. Anstatt wie üblich den Arm auszustrecken und unmittelbar über dem Abfallbehälter den Abwurf zu betätigen, tat er es einen knappen Meter davon entfernt. Er hob lediglich den Unterarm um 90°, ließ die Pipette nach vorne klappen, gleichsam den Giftzähnen einer zum tödlichen Stoß ansetzenden Schlange, und feuerte die Spitze ab. Mit ebenso schlangenhafter Präzision, dass, jedenfalls solange ich daneben stand, keine Spitze ihr Ziel verfehlte.

Er hatte die Armbewegung zum Müll kurzerhand wegrationalisiert. Auf diese Weise sparte er Zeit und Muskelkraft. Das zweite investierte er wiederum in den Andruck der nächsten Spitze, was die enorme Abwurfreichweite erklärte. Und ich dachte schon, er hätte den Abwurf getunt. Ein vollendet optimierter Abwurfvorgang sozusagen.

Seine Bewegungen ließen mich unwillkürlich an Wildwestfilme denken, in denen sich die Kontrahenten regungslos Auge in Auge gegenüberstehen, bis sie plötzlich mit einem Ruck den Colt aus dem Holster ziehen und abdrücken. In unserem Fall handelte es sich bei der Waffe um eine Research 10, bestückt mit farbloser Munition Kaliber 20µl. Die Durchschlagskraft der in den

Müll fliegenden Spitzen hätte jeden Gegner niederge-
streckt.

Möglich, dass ich im Interesse der Pipette hätte erziehe-
risch eingreifen müssen, dergleichen kam mir aber erst
später in den Sinn. Vorher hatte ich an anderes zu denken. Ich betrachtete meinen Kollegen genauer, entdeckte
aber keine der üblichen Cowboyutensilien wie Lasso,
Stetson oder Sporen. Auch ein Pferd war nicht zu sehen.
Das hatte er sicher vor der Mensa angebunden. Einen
Saloon haben wir auf dem Campus nicht. Dann dachte
ich an meinen Anorganiklehrer, der Pipetten als Waffe
im täglichen Arbeitskampf zu bezeichnen pflegte. Welch
anschauliche Darstellung dieses Satzes wurde mir hier
geboten!

Laden und feuern. Laden und feuern. Fehlte nur, dass
der Doktorand zwischendurch gelassen lächelnd die Pipette um den Finger wirbeln lässt. Vielleicht ist er am
Tag seiner Disputation bekannt als der Doktorand, der
schneller abwirft als sein Schatten und am Abend ein-
sam in den Sonnenuntergang pipettiert?

In diesem Sinne…Howdy!

Entführung für Anfänger

An Männer von der Haustechnik, die überraschend bei uns aufkreuzen und Teile unseres Inventars austauschen oder mitnehmen, habe ich mich mittlerweile gewöhnt. Daher blieb ich recht entspannt, als eines Vormittages zwei von ihnen kamen und verkündeten, sie müssten unsere Labortür mitnehmen.

„Entführen", war der genaue Wortlaut. Verdutzt erkundigte ich mich nach dem Grund.

„Die Unterkante ist zu hoch, da muss was drunter!"

Da den beiden die Sache offenkundig sehr wichtig war, ließ ich sie mit ihrem auserkorenen Opfer ziehen. So eine Türentführung erlebt man ja auch nicht alle Tage. Das bringt Spannung und Abwechslung in den Arbeitsalltag.

Sicher bekommen wir in den nächsten Tagen einen Brief mit der Lösegeldforderung. Ohne Absender und aus Zeitungsbuchstaben zusammengeklebt. *Wir haben Ihre Tür! Wenn Sie sie unversehrt zurückhaben wollen, erfüllen Sie unsere Forderungen. Keine Polizei, sonst schrauben wir ihr die Klinke ab. Übergabemodalitäten folgen!*

Sie hatten ihr Opfer geschickt gewählt. Das musste ich zugeben.

Wir sind ein S1 Labor, da braucht man eine Tür. Gut, die können auch in anderen Gebäuden recht nützlich sein, in unserem Fall sind sie allerdings gesetzlich vorgeschrieben. Ohne Tür müssten wir unseren Laden dichtmachen, wie auch immer wir das dann ohne Tür machen sollten.

Wieviel Lösegeld kann unsere Arbeitsgruppe wohl locker machen? Manche Versicherungen bieten Entführungspolicen an, welche im Bedarfsfall die aus der Entführung entstandenen Kosten, unter anderen das Lösegeld, erstattet. Leider haben wir es versäumt, etwas Derartiges für unsere Tür abzuschließen. Müssen wir also mit dem Klingelbeutel rumgehen, oder gibt es einen extra Fördertopf für derartige Fälle?

Seltsam ist auch, dass die beiden ihr Opfer ohne Strumpfmasken oder ähnliche Vermummung gekidnappt haben. Das verhieß nichts Gutes für sein Überleben. Und was war mit mir? Ich konnte die beiden ebenfalls identifizieren und bin dazu noch weitaus gesprächiger als die Tür. Trotzdem verzichtete ich vorerst darauf, die Polizei zu rufen. Lieber weiterarbeiten.

Die Geiselnahme war nur von kurzer Dauer, lange genug jedoch, damit wir einen Einblick in das Paradies eines türlosen Laborlebens bekamen. Es war wirklich sehr bequem, niemand vermisste das Opfer so recht. Ich fühlte mich ein bisschen als Türverräterin.

Die Angelegenheit endete recht unspektakulär. Ohne dramatische Geldübergabe oder Schießerei. Eine knappe halbe Stunde später kamen die Techniker mit der Tür zurück. „Schon fertig", verkündeten sie strahlend, hängten die Tür zurück an ihren Platz, verabschiedeten sich und zogen von dannen. Ich besah mir das Opfer. Sonderlich traumatisiert schien mir die Tür nicht zu sein. Die Klinke saß unversehrt an ihrem Platz, und unter der Unterkante prangte eine passgenau montierte zusätzliche Holzleiste. Von Handwerksarbeiten verstehen die beiden was, das mit dem Entführen müssen sie allerdings noch ein bisschen üben.

<u>Erklärung für Nichtbiowissenschaftler:</u>

S1 (BSL 1- biosafety level 1) ist die niedrigste der vier Stufen für biologische Sicherheit und bedeutet ‚keine Gefahr für Forscher und Umwelt'. Die höchste Sicherheitsstufe ist S4, dort arbeitet man unter größten Sicherheitsvorkehrungen mit hochpathogenen Erregern wie dem Ebola-, Lassa- oder Marburgvirus.

Kittelkuddelmuddel

Durch die fliegenden Wechsel von Bachelor und Master-studenten, die jeweils nur wenige Monate bei uns ver-bringen, werden regelmäßig neue Kittel aus dem Depot-schrank ins Labor gespült.

Jeder Neuling bekommt einen Kittel zugeteilt. Dieser sollte gut sitzen, der Träger sollte sich darin frei bewe-gen und vor allem ungehinderten Zugriff auf seine Hände haben. Bis all das erreicht ist, kann die Anprobe erfahrungsgemäß etwas länger dauern.

„Bevorzugst du eine verdeckte oder offene Knopfleiste, Stehkragen oder Reverskragen, möchtest du einen Kittel mit Rückenschlitz oder vielleicht mit einem Rücken-steg?"

Wenn ich so anfange, ist der Tag vorbei.

Deshalb wecke ich stattdessen den Fashion Coach in mir. Einfach schätzen und sich dann weiter vorarbeiten, bis es sitzt. Ich reduziere das Vergabegespräch also auf folgenden Satz:

„Das ist eine 40/42, passt dir die?"

Da sich die deutschen Konfektionsgrößen selten eins zu eins auf Berufsbekleidung für im Labor tätige Personen übertragen lassen, ist dies eine eher rhetorische Frage, einzig dafür gedacht, den Einkleidungsprozess einzulei-ten.

Ein skeptischer Blick der einzukleidenden Person gleitet über die weiße Klamotte in meiner Hand.

„Schlüpf einfach mal rein, dann sehen wir ja, wie er aus-fällt", schlage ich vor.

Glücklicherweise ist ein Laborkittel kein Modellkleid.

Hier betonen, da kaschieren, damit wäre ein Laborkittel überfordert. Ebenso wenig muss er mit irgendwelchen Accessoires kombinierbar sein. Sein Zweck ist ein anderer.

„Das ist übrigens reine Baumwolle. Wiederverwendbar, kochfest und schwer entflammbar", preise ich die Vorzüge unserer Berufsbekleidung an.

Mit solchen Attributen wirbt ein gewöhnlicher Fashion-Coach sicher nicht oft, es sei denn, er kleidet Schweißer, Feuerwehrleute oder Stuntmen ein. Aber es klingt gut, und so weiß der Neuling gleich, was dieses unverzichtbare Kleidungsstück alles für ihn tut.

„Geh mal ein bisschen hin und her, ja so. Sitzt gut. Stylisch!" Das letzte ist meist eher gutes Zureden. Der GIF, der Glamour Impact Factor, ist bei Laborkitteln eher niedrig.

Je nach Eitelkeit des Einzukleidenden findet sich ein passender Kittel eher schnell oder eher nicht.

Gleichwohl ist das Zuteilen der Kittel im Gegensatz zum Loswerden das reinste Kinderspiel.

Ein Vorteil der privat mitgebrachten Laborkittel ist: sie verlassen die Arbeitsgruppe mit ihren Besitzern. Zugeteilte Kittel werden oft einfach hängen gelassen und reichern sich im Laufe des Jahres an. Wie Weinbeeren hängen sie in dicken Trauben an den Haken herum. Um Platz für neue Kittel zu schaffen, veranstalte ich regelmäßig Entrümpelungsaktionen, bei denen ich die überzähligen Kittel entweder zurück in den Schrank oder in die Wäsche befördere. Vorher muss ich allerdings herausfinden, welche Kittel überhaupt überzählig sind, und das kann richtig mühsam werden.

Zwei Kollegen finde ich in der Teeküche. Auf meine Frage, welche der herumhängenden Kittel ihre wären, schauen sie mich verblüfft an.

„Mein Kittel hat einen schwarzen Strich auf der linken Schulter", erläutert der eine. Klar, sicher! Ein schwarzer Strich auf der linken Schulter. Wie konnte ich das übersehen?

Der zweite Kollege begleitet mich zu den Wandhaken, wo er aus einer der Textiltrauben einen Kittel hervorzieht, die Brusttasche zurückbiegt und mir voller Stolz ein kleines, auf die Innenseite der Brusttasche geschriebenes „R" präsentiert.

„Das ist meiner." Er grinst.

Warum können die Leute nicht einfach ihren Vornamen hineinschreiben? Oder wenigstens ihre Initialen? Zurückklappen der Brusttasche, schwarzer Strich auf der Schulter.

Was kommt als nächstes? Soll ich Haarproben vom Kragen jedes Kittels nehmen, heimlich Vergleichsproben von den Schultern meiner Kollegen sammeln und einen DNA-Abgleich machen? Bin ich CSI, oder was?

Der menschliche Wecker

Eigentlich geht Laborwecker so: Forscher forscht, stellt Laborwecker, während dieser läuft macht Forscher etwas anderes, Wecker klingelt, Forscher schaltet ihn aus, Forscher forscht weiter.

Klare Sache. Die Kernkompetenz eines Weckers besteht ja gerade darin, uns Menschen zu einem von uns festgelegten Zeitpunkt an etwas zu erinnern. Sei es die Kochzeit von Nudeln, das Aufwachen oder eben die exakte Einhaltung der Inkubationszeit eines Experiments. Soweit die Theorie.

In der Praxis sieht das leider oft so aus:

Forscher stellt Laborwecker und verlässt den Raum, Wecker klingelt, Kollegen gucken sich um, Forscher kommt nicht, Wecker klingelt weiter, Wecker nervt Kollegen, einer geht hin und schaltet ihn aus. Und in diesem einen Knopfdruck liegt das Problem.

Einerseits hat man die Macht, den nervenden Wecker zum Schweigen zu bringen. Ihn auszuschalten. Aber mit dieser Macht kommt, wie so oft, auch große Verantwortung.

Ich für meinen Teil vermeide es inzwischen tunlichst, fremde Wecker auszuschalten, lieber blende ich deren Piepsen aus. Denn mit dem Druck auf die Aus-Taste geht die Erinnerungsfunktion des Weckers auf den Ausschaltenden über. Soll heißen: Ich muss mich dann daran erinnern, den Kollegen bei seiner Rückkehr daran zu erinnern, dass sein Wecker geklingelt hat, um ihn an etwas zu erinnern. Ich werde sozusagen selbst zum Wecker. Wenn man dann bei der Rückkehr des Weckerbesitzers selbst gerade beschäftigt ist, -kommt ja auch mal vor- verpasst man leicht seinen Einsatz und kassiert dafür richtig Schelte. Von einer Doktorandin bekam ich bei solcher Begebenheit den Satz zu hören:

„Warum hast du das nicht gleich gesagt? Ich muss doch die Inkubationszeiten exakt einhalten."

„Dann nimm deinen Wecker halt mit, wenn du rausgehst", gab ich zurück.

Seit diesem Dialog lasse ich die Finger von fremden Weckern.

Was erwartet sie denn? Dass ich, sobald ihr Wecker piepst, alles stehen und liegen lasse, um sie zu suchen und an den dringend gebotenen korrekten Einhalt ihrer Inkubationszeiten zu erinnern?

Quasi als lebender Wecker fungiere?

Nö, da halte ich mich raus. Ich will nicht zu einer Uhr werden. Wobei lebende Uhren in Kunst und Literatur gelegentlich eine Rolle spielen. Vielleicht würde mich dann jemand über einem Ast oder Stuhl hängend malen oder ich könnte in einem Film mitwirken, wie von Unruh in „Die Schöne und das Biest".

Außerdem ist die Mitnahme des Laborweckers noch lange kein Garant für korrekt eingehaltene Inkubationszeiten. Ich kenne viele Fälle, in denen ein Kollege entspannt in der Küche Kaffee trinkt, seinen Laborwecker vor sich auf dem Tisch. Der Wecker piepst brav zum eingestellten Zeitpunkt, worauf der Kollege ihn mit den Worten ausschaltet: „Ich trink noch schnell aus!" Dann trinkt er aus, währenddessen kommt ein anderer Kollege oder der Professor rein, verwickelt ihn in ein Gespräch und vergessen ist das laufende Experiment.

Für den Fall, dass ich doch wieder einmal allein mit diesem Ding im Labor bin, habe ich einen Plan:

Sobald das nächste Mal ein Wecker in Abwesenheit seines Besitzers piepst, schalte ich ihn aus, renne durch sämtliche Räume bis ich seine Besitzerin gefunden habe, stelle mich hinter sie und schreie: „PIEP, PIEP, PIEP!" Dann weiß sie, was die Stunde geschlagen hat.

Verhängnisvolle Gefälligkeit

Wenn man am Montagmorgen zur Arbeit erscheint und erfährt, dass man die Einweisung eines Kollegen in eine Nervenklinik verschuldet hat, ist das kein wirklich guter Wochenanfang.

Na gut, ganz so schlimm kam es glücklicherweise nicht. Aber wir waren nah dran. Doch ich konnte eigentlich gar nix dafür. Wirklich! Es war eine Verkettung unglücklicher Umstände.

Am Freitag gehen die meisten von uns früher nach Hause. Ich auch. Weshalb ich eine Kollegin bat, sich später um meine gegen Mittag angesetzten Testrestriktionen zu kümmern.

„Nimmst du dieses Rack bitte in zwei Stunden aus dem Inkubationsschrank und stellst es in mein Kühlfach?", fragte ich und hielt ihr mein vollgestelltes, graues Rack unter die Nase.

„Klar, mach ich. Schreibst du mir noch einen Zettel zur Erinnerung?"

Also schrieb ich ihr einen Memozettel, legte ihn auf ihren Platz, stellte auf dem Weg nach draußen mein Rack in den Inkubationsschrank und ging frohgemut ins Wochenende.

Leider hatte der Hersteller des Racks, wahrscheinlich zwecks Gewinnoptimierung, von diesem Modell mehr als ein Stück angefertigt, und ich das meinige lediglich auf einer von vier Seiten mit meinem Namen beschriftet. Und ausgerechnet diese Seite drehte ich beim Einordnen in den Inkubationsschrank nach hinten.

Zwei Stunden später tat meine Kollegin dann genau das, worum ich sie gebeten hatte. Sie nahm ein, leider nicht mein, graues Rack aus dem Brutschrank und stellte es in mein, leider nicht ein, Gefrierfach. Was wir beide nicht bedacht hatten, inzwischen hatte eingangs erwähnter Kollege ebenfalls ein graues Rack in den Brutschrank gestellt, genau neben meines. Beide Racks waren vom selben Hersteller, einseitig beschriftet, grau und vollgepackt. Bis auf die nicht sichtbaren, weil nach hinten gedrehten Beschriftungen waren sie für unsere nur indirekt in die Angelegenheit involvierte Kollegin also absolut identisch.

Als unser Kollege dann später sein Rack aus dem Brutschrank holen wollte, befand es sich zu seiner Überraschung nicht mehr dort. Da er das verbliebene graue und vollgepackte Rack eindeutig nicht als seines identifizierte, startete er umgehend eine Nahbereichsfahndung nach seinem eigenen Rack. Zuerst in den Kühlräumen, dann in den Laboren, dann in den Gefrierschränken. Besonders zermürbend für ihn war dabei, dass ihm keiner seiner Raumkollegen die Geschichte vom verschwundenen Rack so recht glauben wollte, sondern sie ihn schlichtweg für überarbeitet erklärten.

„Jaja, war eine lange Woche, red du nur", winkten sie ab.

Warum sie derart an seiner Aussage zweifelten, war mir nicht klar. Bevor unser Kollege jedoch ernsthaft an seinem Verstand zu zweifeln begann, kam er glücklicherweise noch auf die Idee, die persönlichen Gefrierfächer zu durchsuchen. Und wo fand er sein Rack? Richtig. In meinem Fach.

Am Montag kam er zu mir und beklagte sich.

Ich erklärte und entschuldigte mich und schlug reumütig vor, zur Buße alle vier Seiten meines Racks mit meinem Kürzel zu versehen, wenn er das gleiche täte.

Der Kollege zürnte mir trotzdem den Rest des Tages, ich grollte der Kollegin, die das falsche Rack herausgenommen hatte und die Kollegin war wahrscheinlich wiederum zornig auf uns beide, weil wir unsere Racks unzureichend beschriftet hatten.

Aber eigentlich ist doch der Hersteller schuld. Was musste der auch mehr als ein Rack dieses Typs anfertigen?

Auferstanden an der Tafel

Unser Seminarraum kann viel mehr als nur Seminar.

Er dient wechselweise als Speisezimmer, Arbeitszimmer, Ruheraum, Teeküche; kurzgesagt ist er ein echter Universalraum.

Derzeit wird er als Konferenzraum zur Besprechung des anstehenden Praktikums genutzt. Nachdem die zukünftigen Praktikumsleiter den Universalraum verlassen haben, können auch zukünftige Nicht-Praktikumsleiter wie ich einen Blick auf die Wandtafel werfen, wo die Eckpunkte der Praktikumsplanung festgehalten sind. Klar strukturiert. Jeder der vier Praktikumsleiter weiß genau, was er wann mit den Praktikanten zu tun hat. Gruppeneinteilung, Zeitablauf, Vortragskonditionen, Betreuer, alles einleuchtend.

Links unten, unter der Rubrik „Präsentation", wird es hingegen rätselhaft. Dort steht:

"Poster: 106,6cm x 75,4cm oder DINO" (ich helfe der handschriftlich entstandenen Komik hier mit einer kleinen getippten Manipulation auf die Sprünge).

Erstaunlich, was den Praktikanten bei uns alles abverlangt wird. Wenn sich schon eine Standardklonierung mitunter schwierig gestaltet, wie sollen die nach nur vier Wochen Praktikum einen ganzen Dinosaurier präsentieren? Wir sind doch hier nicht im Kino.

Aber warten wir erstmal ab, wofür sich die Praktikanten entscheiden. Ein Poster erstellt sich einerseits wesentlich unkomplizierter, andererseits garantiert ein Dinosaurier bei der Abschlusspräsentation natürlich einen wesentlich spektakuläreren Auftritt. Was für ein Zwiespalt.

Dinoaffine Praktikanten haben indes einige zusätzliche Hürden zu überwinden.

Für den durchschlagenden Effekt müssten sie dem Dino natürlich ein paar Monate Zeit geben, um groß zu werden. So lange dauert das Praktikum aber nicht, und außerdem müsste die Universität dann ihre Sicherheitsmaßnahmen massiv verschärfen. Elektrozäune und so. Ob die Campusdesigner das gut fänden? Dann doch lieber ein Poster im DIN A0 Format.

Diesmal bin ich nicht die einzige, deren Gehirn beim Anblick eines vergessenen As und einer etwas füllig geratenen Null phantasievolle Quervernetzungen erstellt. Wenigstens ein weiterer Kollege teilt meine Ansicht und zeichnet im Laufe des Tages zwei putzige Dinosaurier oder Saurier, ich meine mich zu erinnern, dass es da einen evolutionären Unterschied gab, unter die missverständliche Größenangabe. Einer der beiden erinnert entfernt an eine Ente. Gab es nicht einen Saurier, oder Dinosaurier, namens Anatotitan?

Der andere stellt, dem beeindruckenden Gebiss zufolge, wohl einen Fleischfresser dar, die Zähne jedenfalls verheißen nichts Gutes. Seine Schenkel allerdings erinnern stark an unproportionierte Hähnchenkeulen. Konnte das arme Tier mit solchen Beinen überhaupt Beute machen? Seltsame Saurier kennt mein zeichnender Kollege. Mir ist diese Art bislang nicht untergekommen. Allerdings war meine Dinosaurierphase auch eher schwach ausgeprägt.

Möglicherweise kann der Praktikumsleiter mehr mit der Darstellung anfangen.

Apropos Praktikumsleiter: Der hatte am späten Nachmittag offenbar von den ständigen Dinoanspielungen

aus dem Kollegium die Nase voll. Denn obgleich lediglich einer von uns ihn per Dinobildchen sozusagen
schriftlich neckte, zogen ihn wohl doch so viele münd-
lich auf, dass er gegen Mittag beschloss, den Quell des
Spotts aus der Welt zu schaffen.

Jedenfalls, als ich kurz vor Feierabend einen letzten
Blick auf die Tafel werfe, steht da in fetten Lettern: DIN
A0 (das „A" denken Sie sich bitte auf die dreifache
Größe). Von den beiden Urzeitechsen ist nur ein feuch-
ter Fleck geblieben.

In Kreide aus der Kreide auferstanden und kurz darauf
wieder vom Antlitz der Erde getilgt. Ein kurzes Aufbäu-
men gegen die Evolution, heute bei uns an der Tafel.

Komm setz dich ans Fenster

Jedes Jahr, wenn es auf Weihnachten zugeht, veranstaltet unsere Arbeitsgruppe eine Kehrwoche.

Sollten Christkind oder Weihnachtsmann wider Erwarten doch einmal bei uns vorbeischauen, sollen sie schließlich einen guten Eindruck von uns bekommen und recht viele Geschenke unter den Autoklaven legen. Damit unsere neu gewonnene innere Reinheit auch von außen gut sichtbar war, wurde das Gebäude noch einer äußeren Reinigung unterzogen. Bevor die schlitten- und rentierlosen, ergo flugunfähigen Fassadenreiniger aktiv werden konnten, schlug die Stunde der Gerüstbauer.

Am frühen Morgen begannen sie ihr Werk auf der Ostseite des Gebäudes. Da dachte ich noch, es würde sicher mehrere Tage dauern, bis sie sich um das ganze Haus herum bis zu unserem auf der Südseite gelegenen Fenster vorgearbeitet hätten. Wie sehr ich das Tempo der Gerüstbauer unterschätzt hatte, erkannte ich bereits am Nachmittag desselben Tages, als der erste von ihnen plötzlich seinen Kopf über unser Fensterbrett steckte. Vor lauter Schreck fiel ich fast vom Stuhl. Nur meine langjährige Sitzerfahrung ließ mich die Balance halten.

Den Rest des Nachmittages gewannen wir einen tieferen Einblick in das Gefühlsleben von Zootieren. Wobei die Männer draußen weder an die Scheibe klopften oder uns gar durch Handzeichen aufforderten, einen Ball auf der Nase zu balancieren. Tatsächlich betrugen sie sich so diskret wie möglich. Trotzdem, rüstet man ein Haus ein, guckt man eben auch mal auf die Fassade desselben, die mit voller Absicht an manchen Stellen durchsichtig ist.

Das nennt man dann Fenster, und hinter solchen arbeiten wir. Hin und wieder traf uns also ganz unvermeidlich der eine oder andere Blick.

Trotzdem waren wir als Ablenkung wohl nicht spannend genug, denn sie kamen mit ihrer einrüstenden Arbeit sehr zügig voran. Während vor unserem Fenster Metallstangen und Holzbretter ineinander gehakt und fixiert wurden, wurde die lose errichtete Konstruktion auf der Küchenseite an der Hauswand befestigt. Dieser Vorgang ging mit einer Fülle seltsamer, teilweise beängstigender Geräusche einher. Neben lauten Bohrgeräuschen hörte man gelegentlich ein seltsames Scharren an den Außenwänden des Gebäudes, als kratze jemand mit frostharten Fingern über die Fassade und begehre Einlass. Waren das schon Weihnachtsmann oder Christkind? Wollten die zu uns rein, um sich vor Ort von unserer inneren Reinheit überzeugen?

Wer auch immer es war, zwei Stunden später, wir saßen zum Seminar in der Teeküche zusammen, wollte er es endgültig wissen und ging mit einer Art vorweihnachtlichem Riesenbohrer auf die Außenwände los. Gesehen haben wir zwar niemanden, aber die Geräusche ließen keinen anderen Schluss zu. In mir regte sich der Gedanke, ob ein paar Geschenke diesen ganzen Radau wirklich wert waren.

Tags darauf machte ich die Erfahrung, dass die Sache mit dem erschreckenden Anblick auch anders herum ausgezeichnet funktionierte.

Ich guckte während einer Teepause aus einem der durchsichtigen Fassadenabschnitte unserer Teeküche, da ging auf dem Outdoor Laufsteg ein Gerüstbauer vorbei. Habe ich mich bewegt? War es ein Urinstinkt, der ihn meine Anwesenheit wahrnehmen ließ? Jedenfalls drehte er mit einem Mal den Kopf und erblickte hinter der Scheibe, keinen Meter von sich entfernt, mein Antlitz. Lagen meine Haare nicht richtig? Hat ihm niemand gesagt, dass in dem Haus, welches er gerade einrüstet, Menschen arbeiten? Jedenfalls fuhr er gewaltig zusammen, als er mich sah, und gewiss war es nur seine langjährige Berufserfahrung, die ihn auf dem schmalen Gerüstbrett die Balance halten ließ.

Mich überkam ein schlechtes Gewissen. Der Mann hat vielleicht Familie und was tue ich? Ich gucke aus dem Fenster, just wenn er vorbeikommt. Ich bin eben nicht daran gewöhnt, dass im dritten Stock Menschen vor dem Fenster herumlaufen. Warum sind die nicht mit dem Rentierschlitten gekommen? Bei dieser Gelegenheit hätten sie doch gleich noch ein paar Geschenke mitbringen und unter unseren Autoklaven legen können.

Prokrastination? Aber immer!

Letzten Donnerstag habe ich eine der großen Fragen der Menschheit beantwortet. Warum gibt es Prokrastination?

Prokrastination oder Aufschieberitis, also die menschliche Neigung, das Erledigen von Dingen so lange vor sich her zu schieben, bis der Druck oder ein endgültiger, nicht mehr verschiebbarer Abgabetermin einen zwingt, die Angelegenheit unter größtem Kaffeekonsum in einer Nachtschicht zu erledigen, gilt heutzutage als eine der größten Untugenden der Menschheit.

Als moderner Mensch kann man sich kaum guten Gewissens dazu bekennen, außer vielleicht in Selbsthilfegruppen. Dabei steckt ein gewisses Maß davon in jedem Menschen, und ich denke, solange sie nicht die absolute Macht über uns erlangt, kann man damit gut leben.

Warum aber wurde die Prokrastination überhaupt erfunden? Was hat sich die Natur dabei gedacht? Wenn das Aufschieben tatsächlich so schlecht für die Menschen ist, warum pflegt dann jeder Mensch bis zu einem gewissen Grad diese Marotte?

Seit Donnerstag kenne ich die Antwort: Prokrastination steigert das Erfolgserlebnis!

Sie fungiert quasi als eine Art Verstärker, der die Zufriedenheit über die Erledigung banalster Aufgaben in ungeahnte Höhen zu potenzieren vermag.

Zu dieser Erkenntnis bin ich unter anderem gelangt, weil ich unsere Cyanobakterienkollektion auf frische Nährplatten überstreichen musste. Eine arbeitsintensive Aufgabe, die sich inklusive Herstellung der verschieden gearteten Platten über zwei volle Arbeitstage erstreckt.

Ich hatte diese Aufgabe in meinen Kalender eingetragen, goss am ersten Tag sämtliche benötigten Platten und machte mich am zweiten Tag gleich morgens brav ans Überstreichen.

Am frühen Nachmittag war ich fertig. Es folgten ein kurzer Moment der Freude und ein Belohnungstee in der Küche. Zurück im Labor zeigte ein Blick in meinen Kalender, dass ich heute auch noch eine kleine Cyanobakterienkultur animpfen musste, die ich nächste Woche dringend für einen Versuch brauchte.

Och nö, bitte nicht!

Wenn ich etwas nicht leiden kann, dann das Animpfen einer einzigen Flüssigkultur.

Keine Ahnung warum, ist aber so.

Eine dreiviertel Stunde lang zog ich daher alle Register, um dieser Aufgabe zu entgehen.

Steht nicht vielleicht noch eine alte Kultur im Schüttler? Kann ich die nicht benutzen? MUSS ich das, wofür ich die frische Kultur brauche, denn wirklich, ganz unbedingt, in der nächsten Woche erledigen? Stehen nächste Woche nicht andere furchtbar wichtige Dinge an? Und wie steht es um die sterilen Kulturkolben? Die sind doch bestimmt aufgebraucht. Das kommt schließlich oft genug vor.

Mir war die Irrationalität meines Handelns vollkommen bewusst. Einleuchtender wäre es gewesen, wenn ich das arbeitsintensive Überstreichen vor mir hergeschoben hätte. Aber animpfen? Eine einzige Kultur?

Das ist in knapp vier Minuten erledigt. Warum drücke ich mich davor?

In der Zeit, in der ich mich um die Aufgabe drücke, hätte ich sie bereits gut elfmal erledigen können.

Doch jetzt zeigt sich ein Vorteil der Prokrastination. Sie setzt Energie frei.

Um der unliebsamen Aufgabe zu entgehen, macht man Inventur im Keller, räumt Fächer und Schränke auf, bearbeitet Bilddateien und alles nur, um dem Animpfen einer einzigen Kultur zu entgehen.

Als schließlich eine Sterilbank frei wurde und auch noch sterile Kolben vorrätig waren, fügte ich mich notgedrungen in mein Schicksal und fing an.

Vier Minuten später war ich fertig.

Ein Wahnsinnsgefühl!

Vergessen war die Erledigung der großen Aufgabe zuvor. Ein einziger Gedanke beherrschte jetzt mein Denken.

Ich wollte es herausschreien, alle sollten es wissen: „Ich habe angeimpft!!!"

Ich wollte frenetischen Applaus, Engelschöre, Konfetti, Standing Ovations und einen riesigen Blumenstrauß.

Ich wollte ein T-Shirt: „Animpfen- I did it!"

Im Grunde war es völlig absurd.

Auf die Erledigung einer vier Minuten währenden Aufgabe bin ich um ein Vielfaches stolzer als auf das volle zwei Tage erfordernde Platten gießen und Überstreichen unserer Cyanobakterienkollektion. Einfach, weil ich das eine wie geplant erledigt, das andere dagegen 45 Minuten lang vor mir hergeschoben habe, wodurch ich heute nicht nur eine Aufgabe erledigt, sondern mich zugleich zur Herrin über meine eigene Trägheit aufgeschwungen habe. Meine prokrastinischen Anwandlungen bescheren mir quasi ein doppeltes Erfolgserlebnis.

Wer kann da noch was gegen Prokrastination sagen?

<u>Erklärung für Nichtbiowissenschaftler:</u>

Unsere Cyanobakterien (zur Photosynthese fähige Blau-grünbakterien) wachsen in 10cm großen sterilen Schalen auf festen Nährböden (Platten). Nach etwa vier Wochen sind diese Platten durch die 25°C im Cyano-Raum ein-getrocknet, und die Cyanos müssen auf frische Platten überstrichen werden. Um mit den Cyanos zu arbeiten, z.B. ihren Stoffwechsel zu studieren, braucht man sie wiederum in optimaler körperlicher Verfassung. Dafür kratzt man unter sterilen Bedingungen eine kleine Menge Cyanos von der Platten ab und gibt sie in flüssi-ges Nährmedium. Diesen Vorgang nennt man dann "an-impfen".

Reine Knopfsache

Der Laborkittel ist das Markenzeichen unseres Berufstandes. Sobald ich meinen Kittel anziehe, schalte ich in den Arbeitsmodus. Gehe ich in die Pause, ziehe ich ihn aus.

Es gibt zwei Varianten. Mit Druckknöpfen oder mit angenähten Knöpfen. Als optimal gilt eine Druckknopfleiste, da sich diese im Notfall sekundenschnell öffnen lässt. Die Notentriegelung ist quasi schon eingebaut. Wobei ich glaube, in einem akuten Notfall könnte ich auch eine ganze Reihe von angenähten Knöpfen problemlos abreißen.

Das glaube ich nicht nur, ich weiß es. Weil ich es auch ohne Not regelmäßig schaffe. Jedenfalls bei einzelnen Knöpfen. Besonders die mittleren Exemplare sind diesbezüglich gefährdet, und das hat absolut nichts mit meinem Bodymassindex zu tun.

Glücklicherweise finde ich die abgerissenen Knöpfe jedes Mal wieder, womit das Problem aber erst zur Hälfte gelöst ist. Denn wie kriege ich den Knopf jetzt wieder dran?

Annähen, ist klar. Ich habe sogar die perfekte Ausrüstung in Form eines Nähsets aus einem meiner letzten Hotelbesuche zur Hand.

Blöd ist nur, wenn man zu einer Generation gehört, die Handarbeiten nie richtig gelernt hat. Obgleich mich das Druckwerk „Strick dir deinen Zombie" in der Auslage einer namhaften Buchhandlung enorm faszinierte, bin ich in Handarbeitskunde nicht besonders belesen. Was daran liegen könnte, dass ich das Buch damals nicht gekauft habe.

Im vorliegenden Fall geht es aber nicht um etwas so Komplexes wie einen Zombie zu stricken, ich will nur einen Knopf annähen. Meine Mutter hat mir ein oder zweimal gezeigt, wie das geht, aber wie das so ist mit nicht fortlaufend abgerufenem Wissen, das Gehirn verdrängt den unnützen Ballast ins Unterbewusstsein, oder sonst wo hin. Vielleicht bin ich auch einfach zu bequem, dieses Wissen in meinem Langzeitgedächtnis zu speichern, es gibt schließlich einfachere Wege.

In der Regel behelfe ich mir mit einem Life Hack Video aus dem Internet, was meist zu recht haltbaren Resultaten führt. Aber was tun, wenn das Labor voller Praktikanten ist? Vor denen werde ich mir doch keine Blöße geben und ein dreiminütiges Video übers Knopfannähen laufen lassen, während ich daneben unbeholfen mit Nadeln und Faden hantiere. Am Ende steche ich mir in den Finger und falle vor aller Augen in einen tiefen Schlaf. Da Nähnadeln kleiner sind als Spindeln, dürfte dieser zwar weniger als 100 Jahre dauern, blöd wäre es trotzdem.

Andererseits will ich auch nicht mit mangelhaft beknopftem Kittel durchs Labor laufen. Klassische Zwickmühle. Was tun? In einem solchen Fall ist es gut, wenn man eine Doktorandin seines Vertrauens beiseite nimmt und ihr leise ins Ohr raunt.

„Kannst du nähen?" Sie guckt ungläubig.

„Ja. Du nicht?"

„Sonst würde ich dich nicht fragen", antworte ich mit leiser Stimme, denn ein Praktikant geht gerade vorbei. Sie zwinkert verschwörerisch, nimmt mir Kittel und

Knopf aus der Hand und macht sich ans Werk. Ich bewundere die präzise gesetzten, sauberen Stiche ihrer Näharbeit.

„Nähst du auch deine Druckknöpfe selber wieder an?", erkundige ich mich mit Blick auf ihren ordentlich beknopften Laborkittel.

Sie schaut mich tadelnd an.

„Diese Druckknöpfe werden nicht angenäht, sondern eingeschlagen."

Ich nicke gelehrig und verfolge den Rest ihrer Näharbeit in reumütigem Schweigen. Meine Handarbeitsgöttin kennt sich wirklich aus. Gewiss könnte sie sogar völlig ohne Buchvorlage einen Zombie stricken.

Deliver and find out

Manche Gebäude sollen ja architektonisch absichtlich so konzipiert sein, dass gebäudeunkundige Personen den Ausgang nur nach langer Suche aus eigener Kraft finden, wenn sie nicht zuvor in einer entlegenen Kammer verdursten. Offiziell gehört unsere Universität meines Wissens nicht zu dieser Gruppe. Wäre ja auch doof für die Studenten. Was die Orientierung angeht, dürfte so mancher Lieferant allerdings anderer Meinung sein.

Der Weg von der Warenanlieferung in unseren Keller ist lang und verwirrend.

Man passiert dabei sieben Türen, benötigt zwei unterschiedliche Aufzüge sowie jede Menge Orientierungsvermögen. Meistens holen wir die Lieferanten deshalb an der Warenannahme ab und leiten sie, während sie die von uns bestellten Waren mühsam hinter sich herziehen, in unser Labor oder gleich zu unserem Kellerabteil. Eine wahrhafte Odyssee.

Mit dem ersten Aufzug fahren wir rauf, was auf dem Weg in den Keller verständlicherweise zu Irritationen bei den Lieferanten führt, dann laufen wir ein langes Stück, anschließend fahren wir mit einem anderen Aufzug hinunter in den Keller, wo man tief unter der Erde den zuvor oberirdisch gegangenen Weg in entgegengesetzter Richtung wieder zurückläuft, bis man endlich unser Kellerabteil erreicht. Ich hoffe, meine skizzierte Wegbeschreibung verdeutlicht das hiesige Orientierungsdilemma. Notwendig ist dieser verwirrende Umweg, weil der unserem Kellerabteil nächstgelegene Aufzug nicht tief genug ist für die üblichen Transporthilfen wie Hunt oder Ameise.

Über Tage hat man es auch nicht leichter. Zu unserem Labor fährt man mit dem zweiten Aufzug zwar nicht runter, sondern rauf. Laufen muss man dann aber genauso weit.

In den ersten Monaten habe ich mich von meiner TA-Kollegin, die schon lange vor mir hier arbeitete, Schritt für Schritt in das verzwickte Wegesystem einweihen lassen. Damals habe ich mir inbrünstig ein Farbleitsystem auf dem Fußboden gewünscht. Ist leider nichts draus geworden.

Da meine Kollegin an manchen Tagen vor mir Feierabend machte oder gar Urlaub hatte, war ich früh gezwungen, den Weg allein zu beschreiten und sogar Lieferanten auf den rechten Weg zu führen. Dabei bemühte ich mich, mir etwaige Unsicherheiten an schwierigen Wegkreuzungen nicht anmerken zu lassen. Einen nachdenklich gemurmelten Satz wie: „Müssen wir hier rechts oder links?", will niemand von seinem Navigator hören, wenn er sich komplett desorientiert in den tiefsten Eingeweiden eines Universitätsgebäudes befindet.

Mittlerweile habe ich meinen Lieferantenführerschein aber in der Tasche.

Mein psychologisches Einfühlungsvermögen hat mit zunehmender Routine allerdings etwas nachgelassen. Neulich fragte ich einen Lieferanten ganz ernsthaft, ob er den Rückweg vom Labor zum Warenhof alleine fände. Ein Blick in seine panisch aufgerissenen Augen beantwortete meine Frage. Der arme Mann sah aus wie ein Reh im Scheinwerferlicht eines 30 Tonnen schweren LKWs. Also geleitete ich ihn den ganzen Weg wieder zurück. Schließlich will ich nicht dafür verantwortlich sein,

wenn er sich verirrt und elendig in unserem Gebäude-
komplex verschmachtet.

Ich habe schon daran gedacht, den Lieferanten wie Ari-
adne dem Theseus zwecks besserer Orientierung ein
Knäuel Bindfaden zuzustecken. Das eine Ende könnten
sie an der Fahrertür ihres LKWs befestigen, auf dem
Rückweg bräuchten sie die Schnur nur wieder aufzuwi-
ckeln. Diese Idee habe ich aber verworfen. Die klassische
Fadennavigation ist mit der Nutzung moderner Aufzüge gewiss nur begrenzt kompatibel.

Spätestens nach dem zweiten Fahrstuhl und der dritten
Treppe hat also nahezu jeder Lieferant die Orientierung
verloren und ist mir auf Gedeih und Verderb ausgelie-
fert.

An zeitlich entspannten Tagen fühle ich mich dabei wie
der Zauberer Gandalf, der in Tolkiens „Der Herr der
Ringe" seine acht Gefährten geduldig durch die Minen
Morias führt und im Zweifel an einer Kreuzung einfach
solange Pause macht, bis ihm der richtige Weg wieder
einfällt. Wenn ich eigentlich keine Zeit für die Führung
habe, fühle ich mich eher wie einer der Orks, die Gandalf und seinen Gefährten auf ihrem Weg Beine machen.
In jüngerer Zeit entgeht immer mehr Lieferanten die
spannende Sonderführung durch unsere Katakomben,
da sie die angelieferte Ware kurzerhand an der Pförtnerloge abstellen. Dann müssen meine Kollegen oder ich
den oben geschilderten Orientierungslauf selbst absolvieren. Sieben Türen passieren, mit zwei Aufzügen fahren und all das ganz ohne Farbleitsystem oder Bindfaden.

Wiesu tut sie su?

Forscher sind wissbegierig. Ständig hinterfragen wir die Welt um uns herum. Sogar zehn Minuten vor dem Gruppenseminar.

Zu diesem Zeitpunkt stehe ich im Seminarraum am Fenster, trinke Tee und schaue hinaus.

Gewöhnlich sieht man dort unten Heerscharen von hochmotivierten Studenten den Weg entlang gehen und im Haupteingang des Gebäudes verschwinden.

Heute ist etwas anderes zu sehen.

Keine fünf Meter vor dem Haupteingang steht eine adrett gekleidete junge Dame. Völlig regungslos.

Weder raucht sie in hastigen Lungenzügen eine Zigarette, noch tritt sie wartend von einem Bein aufs andere. Sie sieht vollkommen entspannt aus und zeigt keinerlei Ambitionen, ihren Posten in naher Zukunft verlassen zu wollen.

Ein Ausweis an ihrem makellos gebügelten Blazer lässt auf eine offizielle Mission schließen.

Ein Teil dieser Mission wird offenbar, als sich ein Herr im Anzug mit Aktentasche unterm Arm dem Haupteingang nähert. Eine Bewegung geht durch den Körper der jungen Dame. Auf ihrem Gesicht öffnet sich ein breites Lächeln, sie nickt dem Herrn höflich zu und macht eine einladende Handbewegung in Richtung der fünf Meter entfernten Eingangstür.

Ihr Gebaren erinnert an das einer Stewardess kurz vor Abflug beim Anzeigen der Notausgänge. Der Herr verschwindet durch die Eingangstür.

Über meinem Kopf erscheint ein Fragezeichen. Warum positioniert die Uni eine Einweiserin VOR der Eingangstür? Gut möglich, dass irgendwo in den Eingeweiden der Uni eine Tagung stattfindet, dann kann eine Einweiserin nicht schaden. Mancher Hörsaal im Gebäude ist in der Tat gut verborgen, aber um das zu kompensieren, müsste die junge Dame HINTER der Eingangstür stehen. Was nützt ihre engagierte Einweisungstätigkeit auf dieser Position? Aus fünf Meter Entfernung ist der Haupteingang der Uni nur schwer zu verfehlen.

Hinter mir betritt eine Kollegin den Seminarraum und bemerkt mein Interesse.

„Was gibt's da zu sehen?"

„Rätsel vor der Eingangstür", antworte ich. Sie stellt sich neben mich. Gerade noch rechtzeitig, denn unten nähert sich eben eine Dreiergruppe der jungen Dame, die noch in ihrer ursprünglichen Haltung verharrt. Ihr Einweisungsgebaren wird offenbar erst bei Unterschreitung einer Distanz von fünf Metern ausgelöst. Bei vier Metern Annäherung lächelt sie und sobald die Gruppe auf zwei Meter herangekommen ist, folgen Nicken und Handbewegung.

Meine Kollegin staunt ebenso gebannt wie ich.

„Warum steht sie vor dem Eingang?"

„Wenn ich das wüsste."

Das rätselhafte Tun der jungen Dame lässt mich an einen Satz von Astrid Lindgrens Rumpelwichten denken.

„Wiesu tut sie su?"

Der nächste unserer Kollegen betritt die Szene, sieht uns am Fenster stehen, stutzt.

„Macht ihr denn da?"

Gleich darauf stehen wir zu dritt am Fenster.

Der Neuankömmling wirft einen Blick auf die junge Dame, die soeben dem nächsten Besucher die gut sichtbare Eingangstür präsentiert.

„Macht die denn da?"

Zwei weitere Kollegen gesellen sich zu uns. Allmählich wird es wird eng am Fenster. Hoffentlich hebt die junge Dame nicht gerade jetzt den Blick. Sonst kommt sie noch auf die Idee, wir würden sie beobachten.

Einer der beiden Neuankömmlinge bringt einen Funken Licht ins Dunkel.

„In der pharmazeutischen Chemie gibt's heute ein Meeting."

Warum dessen Gäste auf die keine fünf Meter entfernte Eingangstür hingewiesen werden, weiß er allerdings auch nicht. Wie könnten wir das rauskriegen?

Wäre die junge Dame ein Gen, könnten wir sie ausschalten und gucken, inwieweit die ungehinderte Ankunft der Tagungsbesucher dadurch beeinträchtigt wird. Allerdings hat keiner von uns Lust runterzugehen, außerdem betritt in diesem Moment der Vortragende die Teeküche und startet den Beamer.

Es sieht so aus, als bliebe die Frage nach dem Warum künftiger Forschung vorbehalten.

Das Gurkenmysterium

Eine Doktorandin aus meinem Unterlabor hatte Geburtstag. Von dem gesammelten Geld besorgte ich nicht nur ein Geschenk, sondern auch einen schönen, großen Blumenstrauß.

Am Morgen des großen Tages stand ich also mit zwei Dutzend gelber Tulpen in unserer Küche, und erst in diesem Moment fiel mir ein: Wir haben keine Vase! Kaum zu glauben. Ein Labor für botanische Grundlagenforschung besitzt keine Blumenvase. Und das bei all dem Kram, der im Laufe der Jahre so in unserer Küche gestrandet ist. Die Tulpen senkten vorwurfsvoll die Köpfe. Es half nichts, ich musste improvisieren. Ich lass mich doch von 24 gelben Tulpen nicht unterkriegen.

Im Schrank fand ich ein Glas Essiggurken. Ein Riesending, dessen Mindesthaltbarkeitsdatum seit drei Jahren abgelaufen war.

Ich goss das Essigwasser ab und da der Inhalt mir noch absolut genießbar schienen, stellte ich die sauren Gurken in einer Schüssel zum Verzehr bereit, spülte das Glas und arrangierte die Blumen darin. Sah richtig gut aus.

Als das Geburtstagskind den Raum betrat, war das Erste, was sie erblickte oder vielmehr roch, die sauren Gurken auf ihrem Geburtstagstisch. Sie stellte ihren mitgebrachten Kuchen daneben und sogleich die unvermeidliche Frage.

„Was bedeuten die Gurken?"

Einer der hinzugekommenen Kollegen gab ihr einen von unterdrücktem Kichern begleiteten Hinweis.

„Die hat Maike für dich hingestellt." Die Geburtstags-doktorandin sah mich irritiert an.

„Und warum saure Gurken?" Wie so oft schien mir die schnöde Wahrheit unangebracht.

„Das ist dein Geburtstagsrätsel", improvisierte ich ein weiteres Mal. „Wenn du es lösen kannst, bevor der Tag zu Ende geht, hast du einen Wunsch beim Universum frei."

Sie sah mich lange und nachdenklich an.

„Du kommst doch aus Berlin, oder?" Ein guter Lösungs-ansatz, an den ich selbst bislang nicht gedacht hatte. Leider war ich mir bezüglich der Herkunft der Uraltgurken nicht sicher. Dazu hätte ich vorher selbst einen Blick auf das Etikett werfen müssen, was ich jetzt leider nicht konnte, da ich es diskret nach hinten gedreht hatte.

Naja, schließlich hat die Geburtstagsdoktorandin dann doch noch die richtigen Schlüsse gezogen und einige Kuchenstücke später gingen alle an ihr Tagewerk.

Ich pipettierte nachdenklich vor mich hin.

Hat unser Geburtstagskind tatsächlich geglaubt, die Gurken hätten mit meiner Herkunft zu tun?

Erinnert sie sich für den Rest ihres Lebens zu jedem ihrer Geburtstagsfeste an die TA aus Berlin mit dem seltsa-men Essiggurkengeburtstagsfetisch?

Deshalb ein wichtiges Schlusswort: In Berlin ist es nicht Brauch, Essiggurken zum Geburtstag zu schenken, und auch sonst sind mir dort keine seltsamen Geburtstags-bräuche mit Gurken bekannt. Wollte ich nur mal klar-stellen.

Vertretervielfalt

„Ich schicke Ihnen die Gebietsmanagerin", verspricht mir die Dame am Telefon.

Ich bin verwirrt.

„Wen wollen Sie schicken?"

„Die für Ihr Gebiet zuständige Vertreterin."

„Ach so, alles klar!"

Sag´s halt gleich, denke ich und lege auf.

Inzwischen bin ich daran gewöhnt, dass Firmenvertreter, die gelegentlich bei uns im Labor vorbeischauen, teilweise abenteuerliche Berufsbezeichnungen haben.

‚Vertreter' ist in der heutigen Zeit wohl zu unhip, deshalb prangen geradezu fabulöse Wortschöpfungen auf den Visitenkarten. Zumeist in englischer Sprache. Nach 15 Jahren als TA verfüge ich über eine erkleckliche Sammlung dieser kleinen Kärtchen mit aufgedruckten Berufsbezeichnungen wie:

Account Manager

Sales Specialist

Sales Accountant

Sales Manager

Sales Representative

Territory Manager

Product Specialist

Area Manager

Life Science Specialist

Technical Sales Representative

Sales Specialist Consumables

Was man alles werden kann heutzutage. ‚Gebietsmanagerin' ist allerdings neu, möglicherweise ein Versuch, ebenso vielfältige wie klangvolle Berufsbezeichnungen auf Deutsch zu kreieren. Dürfte interessant werden.

Ab und zu spiele ich zur Entspannung eine Runde Visitenkartendomino mit mir selbst. An den Sales Specialist lege ich den Sales Manager, daran den Account Manager usw.

Zu große Vielfalt kann jedoch mitunter auch ein zwiespältiger Segen sein.

Wenn ich wissen möchte, wann ein von mir bestelltes Produkt denn nun geliefert wird, frage ich da unseren Sales Manager oder den Account Manager der betreffenden Firma? Und ist der Account Manager beleidigt, wenn ich ihn zugunsten des Sales Managers übergehe? Düpiere ich den Sales Representative, wenn ich mich direkt an den Sales Manager wende? Am Ende wird der Sales Representative arbeitslos, und ich bin schuld. Verzwickte Sache das.

Früher schickte jede Firma einen einzigen Vertreter und gut war's. Der hatte die Handlungshoheit über alle Gebiete…äh Territories, natürlich.

Neulich waren zwei Vertreter…äh Manager bei mir. Es handelte sich um unseren aktuellen Sales Manager und seinen Nachfolger. Über diesen Besuch habe ich mich gefreut, erfährt man sonst doch meist erst dann von einem Vertreterwechsel wenn man, nachdem eine E-Mail an den bisherigen Vertreter seit zwei Wochen unbeantwortet geblieben ist, mal in der Firmenzentrale anruft.

„Herr Müller? Der ist schon seit sechs Monaten nicht mehr bei uns."

So ein kurzer Übergabebesuch ist da viel kundenorientierter, und der Senior Sales Manager half mir sogar noch aus meiner Vertreter-Zwickmühle.

„Richten Sie Ihre Anfragen einfach an uns, wir leiten dann alles weiter."

Unterm Strich ist also trotz aller Diversifizierung nur ein einziger Vertreter...äh Manager für meine Belange zuständig.

Gut zu wissen. Es kann halt nur einen geben.

In geheimer Mission

Soeben habe ich um ein Haar den guten Ruf eines Kollegen auf immerdar ruiniert und ihm ein lasterhaftes Image angehängt.

Alles begann mit einer ganz harmlosen Antwort auf eine ganz harmlose Frage.

Die harmlose Frage wurde von einer unserer Master-Studentinnen zur freien Beantwortung in den Raum gestellt und lautete: „Wo ist Timo?"

Die harmlose Antwort kam von mir: „Der kann nicht weit sein. Meines Wissens hat er keinen geheimen Ort, wo er hingeht." Dieser Antwort folgte allgemeines Kichern.

Ein Doktorand zwinkert uns im Vorbeigehen verschmitzt zu. „Woher weißt du das so genau?"

„Ich darf nicht darüber sprechen", drehe ich den neckischen Spieß um.

Er bleibt abrupt stehen.

„Warum nicht?"

„Diese Information ist streng vertraulich", erwidere ich.

Jetzt wird er erst recht neugierig.

„Sag doch mal!"

„Es ist besser für dich, wenn du es nicht weisst."

Er verzieht die Mundwinkel. „Dann gehe ich mal an die Sterilbank und pipettiere meinen Wachstumsessay", brummt er und geht zur Tür.

„Sollten du oder eine deiner Cyanobakterien dabei gefangen werden, werde ich jegliche Kenntnis von deiner Operation abstreiten", rufe ich ihm nach.

O Mann, was denkt der bloß, was ich mit ‚geheimen Orten' gemeint habe?

Dass Timo gelegentlich ein geheimes Liebesnest irgendwo auf dem Campus für ein Stelldichein aufsucht? Oder einen geheimen Ort, zu dem nur Auserwählte Zugang haben? Eine universitäre Area 51 mit Betten statt UFOs und Liebenden statt Aliens?

Alles woran ich gedacht habe, drehte sich um die Arbeit. Gewächshaus, Mensa, Keller, an solche Orte habe ich gedacht. Ich schwöre!

Viele meiner Kollegen haben solche Orte, die sie regelmäßig aufsuchen und deren Bezeichnung sie bei Aufbruch quasi codiert in den Raum rufen. Es wäre ja auch unsinnig dreimal die Woche den vollständigen Satz: „Ich gehe in die Arbeitsgruppe Beispiel und schau nach meinen Proteinkristallen" auszusprechen, wie es eine an der Kristallisierung ihres Proteins arbeitende Doktorandin dreimal die Woche tun müsste. Stattdessen sagt sie: „Ich geh runter!" und alle wissen Bescheid.

Wenn ich einen Kollegen vom Labor nebenan suche und es heißt: „Der ist unten", weiß ich, ich finde ihn im Isotopenlabor eine Treppe tiefer. Meine TA Kollegin geht sehr oft „rüber", womit sie das benachbarte Max-Planck Gebäude meint.

Wobei, weiß ich das sicher?

Wären einer dieser Kollegen tatsächlich in geheimer Mission unterwegs, dürfte er wohl kaum darüber sprechen.

Zehn Minuten später komme ich rein zufällig an den Sterilbänken vorbei. Timo ist nicht da! Da bleibt nur noch eine Frage offen: Ist Timo nun Geheimschwerenöter oder Geheimagent?

Übrigens wird sich dieser Text in fünf Sekunden selbst zerstören.

Vaya con Rollwagen

Für die Arbeit im Gewächshaus hatte ich Papiertüten bestellt. Große zum Eintüten der abreifenden Arabidopsispflanzen und kleine für die Aufbewahrung des so gewonnenen Saatguts.

Insgesamt brachte es das Paket auf 11kg. Also nahm ich den Rollwagen.

An der Pforte wuchtete der hilfsbereite Pförtner das schwere Paket auf meinen Wagen. Gerade wollte ich mit Wagen und Paket losschieben, da fiel mir ein, dass ich ja gleich noch auf einen Sprung bei der nahegelegenen Poststelle vorbeischauen könnte. Dort sammelt sich stets so einiges an Briefen, Katalogen, Zeitschriften und anderem Zeug, das ich auf dem Rückweg bequem mit dem Wagen ins Labor transportieren könnte. Dann muss unsere Sekretärin später nicht so schwer schleppen.

In unserem Postfach lag ein einziger Brief!

Erst mal egal, der fand locker Platz neben dem Paket. Befremdlich wurde das Ganze erst, sobald auf dem Rückweg ins Labor nur mehr der Brief auf dem Rollwagen lag. Natürlich liefen mir gerade jetzt jede Menge Leute über den Weg.

Ungläubiger hätten die wohl nur geguckt, wenn ich einen halben Brief auf meinem Rollwagen transportiert hätte, aber die Beförderung eines solchen Briefformates ist im Deutschen Postwesen nicht vorgesehen. So lachhaft bin ich mir zum letzten Mal bei der jährlichen Sichtprüfung unserer Trittleitern vorgekommen.

Einen Standardbrief hätte ich kurzerhand in meiner Hosentasche verschwinden lassen können. Keine große Sache. Bei meinem Exemplar handelte es sich allerdings um einen Großbrief. Per Hand adressiert und mit einer Briefmarke im Wert von 1,60€ vorschriftsmäßig in der rechten oberen Ecke frankiert.

Eine TA, die einen einzigen Großbrief auf einem Rollwagen befördert, so etwas sieht man an der Uni nicht alle Tage. Ich hörte die Leute im Gang hinter mir tuscheln: „Laut Geschäftsbedingungen der Deutschen Post AG darf ein mit 1,60€ freigemachter Großbrief maximal 500g wiegen. Dafür braucht die einen Rollwagen?"

Um den Spott zu übertönen und endgültig das Tagesgespräch zu werden, hub ich an zu singen: „Hab mein Wagen vollgeladen, voll mit schweren Briefen". Derart musikalisch beschwingt erreichte ich unser Labor just als ein Kollege mit einer Brezel in der Hand die Treppe hochkam. Sein Blick fiel auf meinen Rollwagen.

„Das ist aber nur ein Brief", kommentierte er meine Liedauswahl.

Ich wischte mir ächzend nicht vorhandenen Schweiß von der Stirn.

„Aber schwer ist er trotzdem. Hilfst du mir tragen?" Er guckte wie zuvor die Kollegen im Gang, dann warf er einen Blick auf die Briefmarke.

„Also laut Geschäftsbedingungen der Deutschen Post AG…"

„Ich weiß! Aber wenn du eine Brezel vom Kiosk hier hochtragen kannst, schaffst du auch diesen Großbrief."

Mit diesen Worten drückte ich ihm den Brief in die brezelfreie Hand und schob kichernd mit dem Rollwagen ab.

Pfefferminzmomente

Auf dem Rückweg von der zentralen Entsorgungsstelle rattere ich mit meinem leeren Rollwagen durch den Regen über den Warenhof. Dann in den Lastenaufzug, die Taste für den 1.Stock drücken. Nichts passiert. Gucke die Taste drohend an, haue mit dem Finger drauf und da passiert etwas:

Eine junge Dame gesellt sich zu mir in den Aufzug, ebenfalls mit einem leeren Rollwagen. Sie drückt die Taste für den zweiten Stock. Nichts passiert. Weder leuchtet eine der gedrückten Tasten noch schließt sich die Aufzugtür, folglich fährt dieser auch nicht.

„Wie kriegen wir jetzt die Wagen zurück ins Gebäude?", seufzt sie.

Ich überlege.

Wir beide könnten problemlos die fünf Stufen der um die Ecke gelegenen Außentreppe hinaufsteigen. Aber die Rollwagen nicht.

In diesem Moment fällt mir eine Werbung aus den 90er Jahren für ein erfrischendes Pfefferminzkaubonbon ein. Darin standen die Hauptakteure ebenfalls stets vor einer mittelgroßen Widrigkeit, woraufhin sie besagtes Bonbon einwarfen, kauten und daraufhin augenblicklich eine pfiffige Lösung für ihr Dilemma fanden, das Ganze untermalt von lustiger Musik und Gesang.

Mein letzter derartiger Moment an der Uni ist schon ein paar Jahre her, aber unvergessen. Damals versuchte ich mit unserem bioadministrativen Postdoc irgendein technisches Gerät zu reparieren. Bzw. er reparierte, ich durchsuchte unseren Werkzeugkasten nach den von ihm grade benötigten Werkzeugen. Irgendwann kam seine Bitte:

„Gib mir mal einen Schraubenzieher!"

Ich warf einen Blick auf die zu lösende Kreuzschlitzschraube, kramte im Werkzeugkasten und meinte dann:

„Der Kreuzschraubenzieher ist nicht da."

„Dann gib mir halt den Schlitzschraubenzieher!"

Daraufhin starrte ich ihn erstmal zehn Sekunden regungslos an.

In meinem ganzen Leben bin ich noch nie auf diese Idee gekommen. Kreuzschrauben löst man mit einem Kreuzschraubenzieher! So gehört sich das. Wegen der Kraftübertragung, der Materialbeanspruchung und überhaupt. Tatsächlich funktionierte es aber mit einem Schlitzschrauberzieher genauso gut, und die Schraube hat sich auch nicht beschwert.

Jetzt, in der Aufzugkabine, habe ich zwar kein Pfefferminzkaubonbon, dafür aber einen Pfefferminzmoment.

Natürlich könnten wir unsere Wagen 150m ums Haus zum nächsten barrierefreien Eingang schieben. Aber warum sollten wir? Es regnet, und Rollwagen fahren sich auf Asphalt alles andere als angenehm. Nicht mal bei schönem Wetter.

„Unsere leeren Wagen sind nicht schwer. Tragen wir sie doch einfach gemeinsam einzeln die fünf Stufen der Außentreppe hoch", schlage ich vor.

Daraufhin starrt mich meine Fahrstuhlbekanntschaft erstmal zehn Sekunden regungslos an. Dann lachen wir beide und tragen unsere Wagen in Handarbeit die Treppe hoch zurück ins Gebäude.

Telefonisches

Auch wenn sich die Kommunikation immer mehr Richtung E-Mail, Twitter und sonst wohin verlagert: Mitunter benutzen wir an der Uni doch noch das gute alte Festnetztelefon. Zumeist für hausinterne Telefonate, aber durchaus auch mal für Kontakte mit der Außenwelt.

Größe zählt doch

Kleinere Firmen mag ich. Die sind bisweilen einfach unkomplizierter.

Für gewöhnlich tätige ich als moderne TA unsere Bestellungen online. Dies ist zwar längst kein Garant für eine zeitnahe Lieferung, geht aber schneller. Meistens. Mitunter fällt auf diesem Weg auch der Mindestbestellwert geringer aus oder sogar ganz weg.

Um das Jahresende herum sind manche Bestellungen allerdings mit einem Extra-Wunsch verknüpft, nämlich der baldigen Zusendung einer Rechnung. Dafür gibt es keine klickbare Option in den Onlineformularen, und ein entsprechender Eintrag in das Kommentarfeld verzögert die ganze Angelegenheit erst recht, den muss nämlich erstmal ein Mitarbeiter lesen. Deshalb wage ich mich ans Telefon:

Bei der größeren Firma:

Ich: Wähle und werde vom firmeneigenen Sprachdialogsystem (SDS) begrüßt

SDS: „Wenn Sie auf deutsch sprechen möchten, drücken Sie bitte die 1"

Ich: Drücke die 1

SDS: „Wenn Sie eine Bestellung aufgeben möchten, drücken Sie bitte die 1"

Ich: Drücke die 1

Es erklingt eine Weile Musik

Mitarbeiter(MA) 1: „Größere Firma, guten Tag, was kann ich für Sie tun?"

Ich: Erkläre mein Anliegen

MA1: „Da muss ich Sie mit der Abteilung xy verbinden, einen Moment bitte"

Es erklingt eine Weile Musik

MA2: „Größere Firma, Abteilung xy, was kann ich für Sie tun?"

Ich: Erkläre alles von vorne

MA2: „Das kann ich nicht entscheiden, da fragen Sie am besten meinen Kollegen. Moment, ich verbinde."

Es erklingt eine Weile Musik

MA3: „Was kann ich für Sie tun?"

Ich: Erkläre alles noch einmal von vorne

MA3: „Da muss ich kurz rückfragen, einen Moment bitte."

Es erklingt Musik, gleich darauf fliege ich aus der Warteschleife.

Ich: Seufze und wähle erneut

SDS: „Wenn Sie auf deutsch sprechen möchten…"

Naja, und so weiter.
Nachdem ich mein Anliegen vier oder fünf verschiedenen Mitarbeitern dargelegt habe, ringe ich dem letzten das Versprechen ab, die Rechnung werde rechtzeitig ankommen.

Bei der kleineren Firma:

Ich: Wähle

MA: „Kleinere Firme, guten Tag, was darf ich für Sie tun?"

Ich: Gebe meine Bestellung auf und erkläre meinen Extra- Wunsch

MA: „Aber gerne Frau Ruprecht, das ist überhaupt kein Problem. Ich schicke Ihnen eine Vorabrechnung, die ist dann übermorgen bei Ihnen. Kann ich sonst noch etwas für Sie tun?"

Ich: Verneine, und bedanke mich herzlichst

MA: „Dann wünsche Ihnen noch einen schönen Tag!"

Ich: „Gleichfalls!"

Wir beide: Legen zufrieden auf
Und deshalb finde ich kleinere Firmen irgendwie unkomplizierter. Beweisführung abgeschlossen.

Codewort: Wildschweinschinken

Freitagmittag, ich sitze gemütlich am Schreibtisch und trage die bahnbrechenden Experimente der letzten Tage in mein Laborbuch ein, klingelt das Telefon.

Ich bin erfreut, warte ich doch seit drei Tagen auf den Rückruf einer Firma bezüglich der Frage, ob die von uns gekauften 50ml Röhrchen als RNAse-frei zertifiziert sind oder nicht. Offenbar haben sie diese exotische Information nach drei Tagen doch noch gefunden.

Mit schräg vorgebeugtem Oberkörper recke ich mich nach dem Hörer, werfe aber zuerst in alter Gewohnheit einen Blick auf das Display unseres Fernsprechers.

Dort stehen die Worte: "Identität geheim"

Noch nie gesehen. Jetzt wird es interessant. Wen verlangt es da am anderen Ende der Leitung mit uns zu sprechen? Spione? Geheimagenten? Ich konzentriere mich. Vielleicht muss ich hinterher bei einer polizeilichen Vernehmung etwas über dieses Telefonat zu Protokoll geben, mich ganz genau an den Wortlaut erinnern.

Falls mich später ein freundlicher Vernehmungsbeamte zu diesem Telefonat interviewt, muss ich als brave Bürgerin doch hilfreiche Angaben zu der ganzen Angelegenheit machen.

Einen Augenblick lang sehe ich mich schon in einem düsteren Verhörraum auf einem unbequemen Metallstuhl sitzen, vor mir ein großer breitschultriger Polizist, der mich ungläubig anschaut.

„Was meinen Sie damit, Sie haben bei dem Gespräch nicht so genau aufgepasst? Irgendetwas muss Ihnen doch aufgefallen sein."

„Als ich merkte, dass es nicht um meine Röhrchenanfrage ging, habe ich nicht mehr so genau zugehört", antworte ich kleinlaut.

„Um ihre WAS?"

Soweit darf es nicht kommen. Also lege ich mir Stift und Zettel bereit, atme tief durch und nehme den Hörer ab.

„Labor Schleiff, guten Tag!"

„Hallo?" Eine Dame mit starkem Akzent brüllt mir ins Ohr.

„Hallo?", rufe ich in den Hörer. „Hier ist das Labor Schleiff!"

„Bin ich da beim Lebensmittelgeschäft Müller?"

Sollte es sich dabei um einen Codenamen handeln, hat man vergessen mich einzuweihen. Für alle Fälle notiere ich die Aussage trotzdem.

„Da sind Sie leider falsch verbunden. Wir gehören zur Goethe-Universität, nicht zum Lebensmittelgeschäft Müller."

Mir fällt ein, was die Polizisten im Fernsehen immer bei zweifelhaften Telefonaten raten. So lange wie möglich hinhalten, Rückfragen stellen.

„Welche Telefonnummer wollten Sie denn ursprünglich anrufen?", frage ich, meine Fahndungsbemühungen mit höflicher Hilfsbereitschaft kaschierend.

„Ist da nicht das Lebensmittelgeschäft Müller?"

„Nein, ganz bestimmt nicht!"

Es wäre mir aufgefallen, wenn ich fünf Tage die Woche Lebensmittel verkaufen würde.

„Wirklich nicht?"

„Wir sind eine Universität. Bei uns können Sie Wissen erwerben, keine Lebensmittel."

Schweigen in der Leitung. Der imaginäre Verhörpolizist schaut mich unzufrieden an.

„Unser Wissen wird regional und nachhaltig erzeugt und ist vollständig biologisch abbaubar", setze ich hinzu. Vielleicht lässt sie sich damit ködern. Ein Klicken im Hörer, dann bricht die Verbindung ab. Verdammt, die Frau hat meinen Marketingtrick durchschaut. Sicher ein Profi.

Ich werfe einen Blick auf meinen Notizzettel. Frau, Akzent, "Lebensmittel Müller". Ob das für eine verlässliche Fahndungsmeldung ausreicht?

Nachdenklich und ein bisschen enttäuscht lege ich ebenfalls auf. Das geht doch nicht an, dass sich unter "Identität geheim" lediglich jemand mit unterdrückter Rufnummer verwählt hat. Möglicherweise war ich einfach nicht die richtige Kontaktperson? Hätte ich etwas geantwortet wie:

„Ganz recht, der Wildschweinschinken kostet heute 40€ das Kilo."

Wie wäre es dann wohl weitergegangen?

Praktikantin, Philosoph und Katze

Ein weltbekannter Philosoph soll einmal gesagt haben:
„Es ist sehr schwer, eine schwarze Katze in einem dunklen Zimmer zu finden. Erst recht, wenn sie gar nicht da ist!"
Nun war es in unserem Fall keine schwarze Katze, sondern eine Praktikantin.
Es beginnt mit einer Stimme am Telefon.
„Guten Tag, ich bin der Lehrer von Paula. Sie macht gerade ein Praktikum bei Ihnen, und ich würde sie gerne mal sprechen."
Ich bin verwirrt. Meines Wissens haben wir derzeit nicht eine einzige Schulpraktikantin.
Außerdem darf man ja heutzutage nicht alles glauben, was einem fremde Menschen am Telefon erzählen. Andererseits fragt dieser Mann nicht nach unseren Kontodaten, er will auch keine Umfrage machen oder uns einen Autogewinn verkünden. Er fragt nur nach Paula. Deshalb gebe ich bereitwillig Auskunft.
„Hier gibt es keine Paula."
„Aber hier im Praktikumsvertrag steht Ihre Telefonnummer."
„Es tut mir leid, aber es gibt in unserer Arbeitsgruppe derzeit keine Paula, und die nächste Schulpraktikantin kommt erst in fünf Wochen."
Der Lehrer gibt nicht auf.
„In Paulas Praktikumsvertrag stehen Ihre Adresse und Telefonnummer."
Ich halte die Muschel zu.

„Weiß jemand etwas von einer Schulpraktikantin namens Paula?", rufe ich ins Labor hinein. Es kann ja sein, dass es mal wieder alle wissen, nur ich nicht.

Schweigen.

„Es tut mir leid, aber meine Kollegen wissen auch nichts von einer Paula."

„Aber wo ist sie denn dann?"

Der arme Mann scheint richtig verzweifelt. Wahrscheinlich fragt er sich, mit welch zwielichtigen Gestalten sich Paula da eingelassen hat, sieht er sein verirrtes Schäfchen schon von knurrenden Wölfen umringt. Dem muss ich abhelfen.

„Geben Sie mir bitte Ihre Telefonnummer. Ich werde der Sache auf den Grund gehen", verspreche ich und lege auf.

In der nächsten Viertelstunde frage ich mich durch nahezu unsere gesamte Arbeitsgruppe. Sekretärin, zwei von vier Postdocs, die anderen beiden betreuen gerade das Studentenpraktikum, meine TA-Kollegin, niemand weiß etwas von Paula.

Meine TA-Kollegin hat aber eine Idee.

„Wir sollten die Postdocs frage, die das Praktikum betreuen. Einer muss doch was wissen."

„Weißt du denn, wo das stattfindet?"

„Kann nur bei AG Müller oder AG Schmidt sein. Wohin gehen wir zuerst?"

Es war schon immer mein Traum, bei anderen Arbeitsgruppen vorzusprechen und folgende Frage zu stellen: „Guten Tag, uns ist womöglich eine Schulpraktikantin abhandengekommen, sofern wir sie denn gehabt haben. Ist die vielleicht bei euch?"

Von meiner Entscheidung hängt es jetzt also ab, ob wir diese Tatsache vor einer oder in zwei Arbeitsgruppen ausbreiten müssen.

Meine erste Wahl erweist sich natürlich als Zonk. Die Blicke der AG Schmidt-Mitarbeiter stehen denen unserer eigenen Kollegen in nichts nach. Wir machen uns auf den Weg zur AG Müller. Ob der Philosoph mit seiner metaphorischen Katze auch solche Mühe hatte? Hieß die vielleicht sogar auch Paula?

Endlich finden wir einen unserer Postdocs im ersten der beiden Praktikumsräume, umgeben von zehn Studenten.

„Ist hier eine Schulpraktikantin namens Paula?", ruft meine Kollegin in die Menge. Ein Moment des Schweigens, dann erklingt die Stimme unseres Postdocs aus dem Hintergrund.

„Die ist in der anderen Gruppe."

Also marschieren meine Kollegin und ich zum nächsten Praktikumsraum.

Und dort finden wir Paula!

Es stellt sich heraus, dass diese pünktlich um 9:00 Uhr zum Praktikum bei uns angetreten, dann aber den beiden praktikumsausrichtenden Postdocs über den Weg gelaufen ist, die sie kurzerhand unter den Arm klemmten und mit ins Studentenpraktikum nahmen.

Paula aber ist völlig zufrieden.

„Der Postdoc und die Studenten sind total nett und erklären mir alles."

Ich gebe ihr den Zettel mit der Telefonnummer ihres Lehrers und bitte sie, sich dennoch unverzüglich bei ihm zu melden, bevor dieser uns wegen „Verlust von Schutzbefohlenen" die Polizei auf den Hals hetzt.

Wir kehren in unsere eigene Arbeitsgruppe zurück, in der Gewissheit, dass Paula ein schönes Praktikum verbringt und ihr Lehrer seinen Seelenfrieden zurückbekommt. Diese Gewissheit zu erlangen war allerdings ein schweres Stück Arbeit.

Oder, frei nach dem Philosophen „Es ist sehr schwer eine Praktikantin in der eigenen Arbeitsgruppe zu finden. Erst recht, wenn sie im Studentenpraktikum ist."

Call us maybe

Als ich neulich von zu Hause aus im Labor anrief, weil der zu spät auftauchende Heizungsableser mich wider Erwarten länger daheim festhielt, flog ich wieder und wieder aus der Leitung. Der Kontakt kam jeweils nur für zwei Sekunden zustande. In so kurzer Zeit ist kein klärendes Gespräch möglich, und da mir diese Macke unseres Telefons nicht unbekannt war, bislang hatte sie allerdings nicht solche Dimensionen erreicht, rief ich beharrlich wieder und wieder an, bis die Verbindung beim fünften Versuch endlich meiner Stimme standhielt und ich mein Anliegen vorbringen konnte.

Später im Labor beschließe ich, etwas gegen diese Telefonmalaise zu unternehmen. Schließlich kommt nicht jeder Anrufer auf die Idee, fünfmal hintereinander anzurufen. Am Ende denkt ein wichtiger Kooperationspartner noch, wir würden ihn absichtlich immer wieder aus der Leitung werfen, weil wir ihn nicht mögen.

Unsere Haustechnik hat zumeist für jegliche technische Unbill eine Lösung parat. Diesmal nicht.

„Für die Telefonanlage sind wir nicht zuständig", erklärt mir ein freundlicher Haustechniker. Immerhin kriege ich ein Trostpflaster: Die Telefonnummer für technische Störungen auf dem Campus.

Dort rufe ich an, das klappt ja mit unserem gestörten Telefon noch.

Eine freundliche Bandansage erklärt mir genau, welche Informationen ich hinterlassen soll. Zwei der Punkte bereiten mir leichtes Kopfzerbrechen. ‚Möglichst genaue

Störungsbeschreibung' ist der erste davon. Meine Kollegen im Raum lauschen interessiert meinen Beschreibungsversuchen:

„Die Verbindung bei eingehenden Anrufen bricht nach zwei Sekunden ab", spreche ich laut und deutlich in den Hörer. Und das aus dem Stehgreif formuliert. Ich war stolz auf mich.

Meine Backbordkollegin hat meinem Gespräch mit der Bandansage interessiert zugehört.

„War das ein Anrufbeantworter?"

„Ja!"

„Klingt, als würde es länger dauern", unkt sie.

„Das Band hat versprochen, es wird mehrfach täglich abgehört", beruhige ich sie und gehe ins Nachbarlabor, um Punkt zwei meines Kopfzerbrechens zu klären. Das Band wollte nämlich nicht nur die gestörte, sondern auch eine funktionierende Rufnummer für Rückfragen, woraufhin ich spontan die unseres Nachbarlabors nannte. Davon will ich die Kollegin nebenan jetzt in Kenntnis setzen, leider erwische ich sie offenkundig in einem Moment starker Konzentration, was zu folgendem Dialog führt:

„Es kann sein, dass heute jemand wegen unseres defekten Telefons bei euch anruft."

Sie schaut verdutzt von ihrer Arbeit auf.

„Unser Telefon ist defekt?"

„Nicht eures. Unseres! Im Labor nebenan."

„Und warum rufen die deswegen bei uns an?"

„Na, weil unser Telefon defekt ist."

„Ach so!"

Drei Tage vergehen, niemand ruft an. Offensichtlich hat das Band gelogen.

Eine Telefonstörung, die was auf sich hält, lässt sich eben nicht gleich beim ersten Versuch beheben. Also tue ich das, was wohl all diejenigen tun, deren Telefon komplett den Geist aufgegeben hat:
Ich schreibe eine E-Mail. Die Adresse hat mir ebenfalls die freundliche Bandansage verraten.
Gleich am nächsten Tag betritt ein Techniker unser Labor, unter dem Arm ein neues Telefon. Er stöpselt den fehlerhaften Apparat aus, den neuen ein, macht einen Kontrollanruf von seinem Handy aus, nimmt unseren Dank entgegen und geht wieder.
Das Ganze hat kaum zwei Minuten gedauert. Und das gleich beim ersten Versuch!

Fremdgehen mit Jagdhundefutter

Als ich mich nach zwei Wochen Urlaub zum ersten Mal wieder in meinen Uniaccount einlogge, bin ich begeistert. So viele E-Mails. Boah, bin ich wichtig. Die Welt kann nicht ohne mich sein!

In die Gruppenbenachrichtigungen über Seminare, Suchanfragen nach Chemikalien und Paketen mischen sich auch einige seltsame Mails mit Betreffzeilen wie „Gluckwunglückwunsch an Sie", „Fortbildung gefährdet Betriebsblindheit" oder „Aktion Jagdhundefutter".

Der letztgenannte Newsletter ist sowas wie mein persönliches, elektronisches Mahnmal.

Er stammt von einem deutschen Saatgutlieferanten, bei dessen Onlineshop ich mich vor Jahren mal registriert habe, als ich mit dem Gedanken spielte, unseren langjährigen österreichischen Erbsenlieferanten zwecks Optimierung unserer Ökobilanz gegen einen regionalen Anbieter auszutauschen

Die 10€, die wir pro Lieferung einsparen würden, bestärkten mich zusätzlich in meinem Vorhaben.

Da der Onlineshop des neuen Saatguthändlers allerdings die seltsame Angewohnheit hatte, nach dem Einloggen die von uns benötigte Erbsensorte nicht mehr anzuzeigen, rief ich in der Geschäftsstelle der Firma an und schilderte mein Problem.

„Das kann nicht sein", erklärte mir die dortige Dame in einem Ton, der keinen Widerspruch duldete und mir in Erinnerung rief, warum ich mich stets auf die jährliche E-Mailbestellung bei unserem österreichischen Händler so freue. Der schreibt nämlich stets sowas zurück wie: „Frau Ruprecht, schön von Ihnen zu lesen. Ist es mal wieder soweit? Die Erbsen schicke ich Ihnen gerne zu. Sind in spätestens vier Tagen bei Ihnen."

Und diesen Goldjungen wollte ich mit so jemanden betrügen? Wegen 10€ und um mein grünes Gewissen zu beruhigen? Nee, lieber international freundlich als regional unfreundlich. Österreich liegt schließlich nicht in Übersee.

„Wenn es nicht sein kann, dann ist es wohl auch nicht so", verabschiedete ich mich von der Telefonistin und legte auf. Selten hatte ich nach einem unerfreulichen Telefonat so gute Laune.

Paradox eigentlich.

Meine Beziehung mit dieser Firma währte ganze zehn Minuten, und von dieser flüchtigen Liebelei ist mir nur der monatliche Newsletter geblieben. Ich hätte ihn gleich in der 11. Minute unserer da bereits beendeten Beziehung abbestellen können, habe es aber bis heute nicht getan, denn er erinnert mich monatlich daran, nichts lieb Gewonnenes für Geld aufzugeben. Erst recht nicht für zu wenig davon.

Diesen Monat wollen sie mich also mit Jagdhundefutter verführen.

Eigentlich wäre ein Kauf desselben kein Problem, da wir bislang keinen festen Lieferanten für Jagdhundefutter haben. Allerdings halten wir trotz zahlreicher Kaninchen auf dem Campus auch keine Jagdhunde, weshalb ich den Newsletter kurzerhand lösche und mich den Mails mit den uniinternen Nachrichten widme.

Schüttler-Nichtverkäufer

Firmen, die Laborbedarf verkaufen, gibt es schon ein paar. Manchmal kommt mir der Markt sogar regelrecht übersättigt vor, trotzdem drängen immer neue auf den Markt, und gelegentlich stehen deren Vertreter dann eines Tages bei uns im Labor. Untrügliches Zeichen dafür ist zumeist das höfliche Klopfen an der Tür.

Manche von ihnen rufen sogar vorher an, um einen Termin zu vereinbaren. Da ich das sehr zu schätzen weiß, schließlich haben auch wir TAs unseren Terminplan, lasse ich mich gewöhnlich darauf ein.

Derzeit findet gleich das gesamte Verkaufsgespräch am Telefon statt.

Der heutige Telefonvertreter hat den Bogen allerdings noch nicht so ganz raus.

„Hätten Sie Interesse an unseren neuen Produkten?", erkundigt er sich mit Grabesstimme.

„Was sind denn das für Produkte?", frage ich.

„Heizplatten und Schüttler."

„Aha, und was können die Besonderes, Ihre Schüttler?"

Sein Schulterzucken dröhnt durch den Hörer.

„Das sind ganz normale Schüttler!"

Dieser Slogan weckt in mir ebenso große Kauflust wie ein Marktverkäufer, der hinter dem Tresen seiner Bude sitzt und auf seinem Handy herum tippt.

Ich kenne mich mit Marketing ja nicht so wahnsinnig gut aus, aber als potentieller Kunde erwarte ich von einem Verkäufer etwas mehr Begeisterung für die von ihm vertriebenen Produkte. Und wenn er den Job nur für die Butter aufs Brot macht, soll er halt begeistert tun. Mich mitreißen, die Vorteile herausstellen. So, dass ich sabbernd vor Gier mit der ausgedruckten Katalogseite zu unserem Postdoc ins Büro renne:

„Guck mal, Postdoc, guck mal! Diese supergeilen Schüttler müssen wir unbedingt kaufen! Dann geht uns nie wieder ein Experiment schief, und wir kriegen nächstes Jahr den Nobelpreis!"

So geht für mich Werbung.

Bei etwas mehr Enthusiasmus seinerseits hätte ich einen Schüttlerkauf durchaus in Erwägung gezogen. Man kauft im Leben schließlich mehr als genug Sachen, die eigentlich nicht geplant waren.

Siehe Quengelware.

Da sich im Labor aber gewöhnlich niemand auf den Boden wirft und plärrt: „Ich will aber eine Heizplatte!!!", müssen die Biotechfirmen hier andere Wege gehen und Verkäufer einstellen, die die Kunden mit Samtstimme am Telefon zum Kauf verführen.

Statt ihm, so wie er mir, die knallharte Wahrheit zu sagen, wählte ich den diplomatischen Ausweg.

„Könnten Sie mir bitte einen Katalog zuschicken, damit ich mir die Produkte mal in Ruhe anschauen kann?"

„Gut, mache ich."

Bestimmt ist es ein harter Broterwerb, tagein tagaus Ware anzupreisen, die man selbst vielleicht nicht so besonders spannend findet. Nur sollte man das den Kunden nicht spüren lassen.

Ich jedenfalls hatte nach diesem Telefonat keine Lust mehr auf Heizplatten und Schüttler.

Nicht auf linksdrehende oder biologisch abbaubare, energiesparende oder welche mit Sprachsteuerung und schon gar nicht auf ganz normale.

Wissenschaftliches

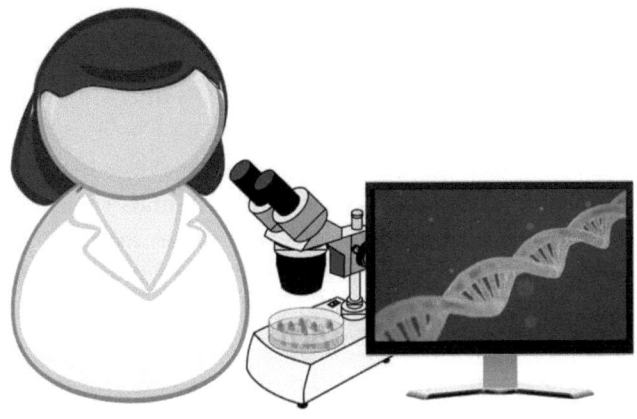

In diesem Kapitel finden sich die richtig wissenschaftlichen Texte.

Für alle Nichtbiowissenschaftler habe ich wie bisher Fachbegriffe und Laborjargon allgemeinverständlich erläutert und gelegentlich mit kleinen Experimenten unterlegt, die Sie zuhause ausprobieren können.

Die verlorene Unschuld

Irgendwie sehen sie bedrohlich aus. Wie Geschosse oder Patronen oder sonst was Martialisches. Ein bisschen auch, als bestünden sie aus Lakritze.

Gleichzeitig strahlen sie etwas geradezu Frivoles aus.

Nun bin ich schon eine ganze Weile TA, und immer waren Eppis weiß. Weiß und rein wie die Unschuld. Vor ein paar Jahren waren sie mal für eine Weile blau und gelb, Treue und Neid? Wir räumten damals unser Kellerabteil auf und entdeckten ganz hinten zwei vergessene Kisten jener farbigen Eppis. Wie die dahin gekommen waren, wusste niemand mehr. Wahrscheinlich ist der Besteller längst emeritiert.

Um aufs Thema zurück zu kommen: Eppis waren stets weiß.

Nun aber liegt vor mir ein ganzer Beutel tiefschwarzer Eppis. Die unkonventionelle Färbung lässt die Konturen der einzelnen Eppis verschwimmen. Sie zu zählen, wäre eine echte Aschenputtelaufgabe, deshalb vertraue ich mal der aufgedruckten Herstellerangabe wonach in dem Beutel 500 der blickdichten Mikroreaktionsgefäße durcheinander wimmeln. Die glänzenden Körper ähneln den Chitinpanzern schwarzer Käfer, hier und da verquer aus der Masse herausragende, an Insektenbeine erinnernde Deckel, komplettieren diesen Eindruck. Leerte ich den Beutel auf meinem Tisch aus, hätten wir eine Miniaturausgabe der todbringenden Skarabäenflut aus dem Film „Die Mumie".

Der Anblick eines einzelnen schwarzen Eppis ist bei weiten nicht so kafkaesk, gleichwohl fallen die Reaktionen im Kollegenkreis mannigfaltig aus. Die Kommentare reichen von „Cool! Eppis im Gothic-Style", über „Uuuuaah!" bis „Was ist DAS?"

Die gelben und blauen Eppis damals wurden viel herzlicher empfangen.

Vielleicht liegt das an den nicht ganz jugendfreien Spontanassoziationen, die einem bei den Worten Schwarz und Lack in den Sinn kommen. Seltsam eigentlich, in der Textilbranche wird die Farbe Schwarz eher mit Seriosität und Eleganz assoziiert.

Und bevor jetzt einer meckert, ich weiß, dass Schwarz physikalisch gesehen ebenso wenig eine Farbe ist wie Weiß, der deutsche Rechtschreibduden hält für diese Problemfarben oder eben Problemnichtfarben übrigens das entzückende Adjektiv „unbunt" bereit, dennoch wird beides in der Farbpsychologie ausführlich abgehandelt.

Sollte jemals eine auf diesem Gebiet geschulte Fachkraft ein Profil unserer Arbeitsgruppe anhand der hiesigen Eppifarbentwicklung erstellen, wird sie sich garantiert nicht langweilen. Von der unschuldigen Braut, zur treuen Hausfrau, zur eifersüchtigen Furie, zur Domina. „Dark Eppi - Dein schönster Albtraum". Was für eine Karriere. Da sitzt die Lackassoziation doch wie angegossen.

Schuld an diesem verruchten Image wäre dann meine Backbordkollegin, die sich die schwarzen Eppis für ihre photosensitiven Experimente gewünscht hat. Ich frage mich bloß, wie sie ihre Proben da drin finden will. Man kann diese in den geschwärzten Eppis ja nicht sehen. Ist ja der Sinn der Sache. Das wird sehr diszipliniertes Arbeiten erfordern. Das schwarze Design wirft noch weitere Fragen der künftigen Benutzerin auf. „Wie soll ich die beschriften?" Nach langem Suchen treiben wir tatsächlich eine Art TippEx-Stift auf. Jetzt steht der Arbeit nichts mehr im Wege. Für meine Backbordkollegin hoffe ich, dass ihre Versuche die erhofften Ergebnisse bringen. In Filmen, deren Titel die Worte „Black", „Dark" oder „Schwarz" enthalten, läuft jedenfalls selten alles glatt für die Akteure.

Erklärung für Nichtbiowissenschaftler:

Eppis™ ist Laborjargon für Eppendorf Tubes ®. Diese Plastikbehälter für kleinere Volumina wurden 1963 von der Firma Eppendorf auf den Markt gebracht, daher der Kurzname. Unsere Standardeppis fassen 1,5ml.

Fangfrische Fische

Ich habe sie gefunden. Die ideale Methode, wie Laborzubehör nahezu ewig hält und sich nicht abnutzt. Im Grunde ist es so banal, dass ich nicht begreifen kann, warum ich nicht längst darauf gekommen bin: Es darf einfach niemand von der Existenz der Dinge wissen.

Zu dieser Erkenntnis verhalf mir folgendes Szenario.

Rührfische haben bei uns eine verhältnismäßig kurze Halbwertzeit. Sie verschwinden in Abflüssen, richten sich häuslich in Stehlösungen ein oder verkrümeln sich im unergründlichen Schubladendickicht.

Daher war ich wenig überrascht, als eine Bachelor-Studentin aus dem Nachbarlabor bei uns vorbeischaute, um sich zwei kleine Rührfische zu borgen.

„Unsere sind alle verschwunden", stellte sie mit traurigem Gesicht fest.

„Die hat bestimmt jemand ausgesetzt. Fische gehören in den Ozean", witzelt einer unserer Bachelor-Studenten.

„Halt einfach mal die Angel in den Ausguss. Vielleicht beißt was an", rät ein Doktorand.

Die Bachelor-Studentin nickte und wendete sich zum Gehen.

„Petri Heil! Aber vergiss nicht, den Beifang wieder reinzuwerfen", rief der Bachelor-Student ihr hinterher, der wohl einen Clownfisch gefrühstückt hatte. Sobald die Tür zum Nachbarlabor zugefallen war, es sollten schließlich nicht gleich alle das große Geheimnis mitbekommen, fragte ich meine Backbordkollegin:

„Haben die nebenan keinen neuen Satz Rührfische bekommen?"

Sie sah mich an, als hätte ich einen soeben geangelten, kapitalen Großbarsch wieder zurück ins Wasser geworfen.

„Welcher neue Satz Rührfische?"

„Vor drei Monaten haben wir für jedes Labor einen neuen Satz Rührfische angeschafft."

„Ach ja?"

„Ja!"

Da sie offenkundig nach wie vor am Wahrheitsgehalt meiner Worte zweifelte, öffnete ich zum Beweis die Schublade, in der wir unsere Rührfische aufbewahren. Andere Kollegen, die unserem Gespräch zugehört haben, umstellten uns.

Ich zog langsamer. Soviel Aufmerksamkeit bekommt man schließlich selten dafür, dass man eine Schublade öffnet. Da wollte ich keine Lucky Luke Nummer abziehen, sondern Spannung aufbauen, eine gute Show abliefern. Ganz allmählich öffnete sich die Schublade.

Darin lag, unmittelbar neben der Schale, in der sich die verbliebenen gebrauchten Rührfische tummelten, eine flache Schachtel. Unangetastet, nagelneu. "PTFE Stirrers" stand auf dem schneeweißen Deckel.

Ich nahm sie heraus, hielt sie der vor Erwartung zappelnden Menge entgegen, klappte sie auf. In Zeitlupe.

„Hier! Nagelneue Rührfische. Sozusagen fangfrisch!"

Es folgten einige Ohs und Ahs aus dem Publikum. So muss sich ein Künstler fühlen, der ein bislang unbekanntes Kunstwerk feierlich der Öffentlichkeit enthüllt. Nachdem sich die Menge zerstreut hatte, sprach meine Backbordkollegin aus, was ich dachte: „Diese Rührfische sind bald weg!" Damit sollte sie leider Recht behalten.

Kaum entdeckt, schon ausgerottet. Dieses Schicksal hat ja schon viele Spezies ereilt. Solange sie unentdeckt in ihrem Habitat vor sich hinleben, ist alles gut, doch wehe ein Mensch macht die Schublade auf. Da wir keinerlei Fangquote festgelegt hatten, setzte der Rührfischexodus tatsächlich noch in derselben Woche ein.

Einen Monat später brauchte ich selbst drei große Rührfische. Voller Hoffnung öffnete ich die inzwischen nicht mehr ganz so schneeweiße Schachtel, das Fach mit den großen Rührfischen war komplett leergefischt. Nicht mal im Abfluss fand sich ein einziges Fischlein.

Selbst schuld, dachte ich seufzend und machte mich auf den Weg ins Nachbarlabor, um mir dort welche zu borgen.

Erklärung für Nichtbiowissenschaftler:

Rührfische, auch Rührkerne oder Rührstäbchen genannt, sind kunststoffummantelte Magneten.

Gibt man einen Rührfisch z.B. in ein mit Flüssigkeit gefülltes Becherglas und stellt dieses auf einen Magnetrührrer, eine Platte mit einem rotierenden Magneten darunter, rotiert der Rührfisch im Becherglas um seine eigene Achse und verwirbelt so die Flüssigkeit.

Als ‚Angel' bezeichnet man einen ca. 30cm langen Plastikstab, an dessen Ende wiederum ein Magnet befestigt ist. Damit kann man die Rührfische nach Gebrauch aus den fertigen Lösungen herausfischen.

Die Katalogbewerbung

Meine letzte Bewerbung ist schon eine Weile her. Allerdings gibt es regelmäßig Kollegen, die den Sprung in den Arbeitsmarkt tun. Da schnappt man mitunter Diskussionen über die bestmögliche Gestaltung eines erfolgversprechenden Bewerbungsanschreibens auf.

Freie Stellen sind mitunter hart umkämpft, da muss man sich etwas einfallen lassen, um in der Masse der Bewerber aufzufallen. Positiv wenn möglich.

Doch wie macht man das?

Einerseits will man seine Fähigkeiten in einem möglichst guten Licht präsentieren, andererseits auch nicht prahlen oder den Personalchef mit einem zweiseitigen Anschreiben vergraulen. Überhaupt sind Bewerbungsanschreiben ja heutzutage angeblich obsolet.

Als ich neulich in einem Katalog für Laborbedarf blätterte, formte sich eine Idee in meinem Kopf, woraufhin ich sämtliche in den folgenden Monaten eintreffenden Kataloge noch sorgfältiger als sonst studierte, und nach kurzer Zeit war meine Idee reif für die Umsetzung: Die Katalogbewerbung.

Anstatt in epischer Breite seine beruflichen Fähigkeiten auszubreiten, präsentiert der Bewerber seine größten Vorzüge darin in geraffter Form. Kein Personalchef hat viel Zeit.

Sehr geehrte Damen und Herren,

für die von Ihnen ausgeschriebene Stelle einer Technischen Assistentin bin ich bestmöglich qualifiziert, denn ich bin/verfüge über:

- Passend zu allen gängigen Kollegien
- Vielseitig einsetzbar
- Datenprotokollierfunktion
- Kabellos einsetzbar
- Doppelter Standfuß
- Zweiarmiges Modell
- Zweisprachige Funktion
- Integrierte Speichereinheit
- Vielzahl von Bewegungsmustern
- Vollständig hygienisches Design, selbstreinigend
- Hohes und breites Wirkungsplateau
- Temperaturbeständig bis 32°C
- geringer Geräuschlevel
- Automatische Temperaturkompensation
- Kostenlose Vorstellung auf Anfrage
- Technische Daten, Echtzeitbild und weitere Informationen auf Anfrage

Mit dieser Form der Anpreisung Ihrer persönlichen Fähigkeiten und Eigenschaften stechen Sie garantiert aus jedem Stapel mit Bewerbungen heraus und präsentieren zugleich ihr kreatives Potential. In einer Zeit, in der eine schlichte "Umleitung" plötzlich zu einer "alternativen Streckenführung" mutiert, dürfte das Konzept der Katalogbewerbung recht vielversprechend sein.

P.S. Falls das wirklich mal jemand mit Erfolg ausprobiert, wäre ich für eine kurze Nachricht dankbar.
P.P.S Für etwaige Ablehnungen übernehme ich keine Verantwortung.

Gefühlte Biowissenschaft

Meine letzte Schulpraktikantin nutzte nahezu jede freie Sekunde, um sich Notizen zu machen.

Das ist durchaus erwünscht, allerdings legte sie einen geradezu fanatischen Eifer an den Tag. Also fragte ich sie am zweiten Praktikumstag doch mal nach dem Grund.

„Ich soll zu meinem Bericht noch eine Gefühlsanalyse erstellen."

Das Wort alleine überraschte mich nicht.

Heutzutage wird ja alles gefühlt. Nicht mehr nur heiß und kalt, wohl und schlecht, sondern auch das eigene Geschlecht, was manchmal vom genetischen Geschlecht abweicht, sonst wäre es ja nicht weiter erwähnenswert.

Nun ist das Gefühl also auch in den Biowissenschaften angekommen.

Eine entsprechende halbe oder ganze Textseite am Ende des Protokolls ist ja auch tatsächlich eine gute Idee. Gefällt mir die Arbeit im Labor oder nicht? Fühle ich mich wohl an der Uni? Könnte ich mir ein Studium als weiterführende Ausbildung vorstellen?

Aber darum ging es nicht.

„Nein, eine Gefühlsanalyse der einzelnen Tätigkeiten, was wir so gemacht haben", klärte sie mich auf. Im Ernst?

In den zwei Wochen ihrer Praktikumszeit hatten wir vor allem das Standardprogramm abgearbeitet. PCR, Restriktion, DNA-Präps, was halt so zur Basisarbeit gehört.

Was empfindet man dabei?

Vielleicht denke ich als erfahrene TA da einfach zu wenig darüber nach.

Also verfasste ich im Kopf eine spontane Gefühlsanalyse unserer heutigen Tätigkeit, einer Plasmidtransformation in kompetente E.Coli:

„Die Bakterien aus ihrem eisigen Tiefschlaf zu erwecken, wie einst der Prinz das schlafende Dornröschen, hat mich sehr froh gemacht. Ich konnte das Aufatmen der geknechteten Kreaturen förmlich in meinem ganzen Körper reflektieren. Ihren Hunger nach dem langen Kälteschlaf stillten wir mit einem halben Milliliter Nährmedium, hernach begannen sie frohgemut sich zu teilen, wobei sie großmütig unser Plasmid amplifizierten. Dies erfüllte mich mit Dankbarkeit und Bewunderung. So kleine Kerlchen leisten so großes für die Menschheit".
Super oder?

Für diesen einfühlsamen Bericht kriege ich mindestens eine 2.

Zugegeben, im wirklichen Laborleben denke ich weniger über die Gefühle von Bakterien nach.

Zur Buße analysierte ich gleich noch die Gefühle der kleinen Kerlchen während des laufenden Prozesses. Sozusagen eine reverse Gefühlsanalyse. Wo ich mich schon mal warmgefühlt habe.

„Boa geil, ich habe ein Plasmid gefunden! Sogar mit Resistenzkassette. Schick! Das behalte ich gleich an, kann ich in 20 Minuten meinen Nachkommen vererben."
Nach dieser Analyse kam mir der Gedanke, welche Geschlechter es unter E.Coli eigentlich gibt. Sind das Bakteria, Bakterier oder Bakterier*Innen?

Und wieviel gefühlte Geschlechter E.Coli haben, will ich nicht wissen. Das geht mich auch gar nichts an.

Eiskistenhokuspokus

Ich habe mich getrennt. Nach über zehn Jahren inniger Beziehung einfach Schluss gemacht.

Mit meiner Eiskiste.

Es ist erstaunlich, mit welcher Leidenschaft manche Forscher an ihren Eiskisten hängen. Völlig banale Styroporboxen, in denen irgendwann mal irgendwas geliefert wurde. Diese werden von ihrem neuen Besitzer liebevoll gestaltet, ganz individuell mit Namenszügen und Bildchen verziert, das Terrain markiert sozusagen.

Meine alte Box hatte ich damals, passend zum Forschungsobjekt, über und über mit Blumen bemalt.

So teilten wir zehn Jahre voller Innigkeit und guter Versuchsergebnisse. Ob diese allerdings tatsächlich aus der stetigen Verwendung genau dieser Eiskiste resultierten, weiß ich nicht, aber in den nächsten Monaten werde ich es herausfinden. Denn statt der angealterten, abgegriffenen, geblümten Eiskiste steht nun ein hübsches, junges Ding auf meinem Platz. Strahlend weiß und mit Deckel, damit ich nicht jede Stunde das angetaute Eis darin gegen frisches austauschen muss.

Unlängst bekam meine Backbordkollegin einen hysterischen Wutanfall. Mit irrem Blick wirbelte sie von Raum zu Raum, riss Türen und Schränke auf, immerfort rufend: „Wo ist sie?" Ihr Gebaren erinnerte mich sehr an das von Gollum, nachdem der Eine Ring mit dem Hobbit Bilbo durchgebrannt war. Schließlich hatten wir sie so weit beruhigt, dass sie in ganzen Sätzen sprechen und erklären konnte, was los war. Ihre Eiskiste war verschwunden!

Tatsächlich hängen etliche Forscher mit einer geradezu manischen Inbrunst an ihren Eiskisten. Manche von uns schreiben diesem Utensil nachgerade magische Fähigkeiten zu, glauben, ohne diese eine Eiskiste würde keines ihrer Experimente gelingen. Nicht mal die, bei denen die Proben überhaupt nicht gekühlt werden müssen, was ja immerhin möglich sein kann. Das Gegenteil wurde schließlich auch noch nicht bewiesen.

Meine verzweifelte Backbordkollegin wählte ihre nun vermisste Kiste damals aus rein pragmatischen Gründen, die sie erst verriet, nachdem sie ihre Kiste im hintersten Kühlraum gefunden hatte. „Perfekt geeignet für meine Saccharosegradienten. Lang, schmal, mitteltief und auf der stabilen Kante kann man beim Gießen prima den Arm abstützen!"

Ich schau ja mehr aufs Äußere. Einmal ausgepackt ist es mit den inneren Werten bei Eiskisten eh nicht weit her. Bei meiner neuen dachte ich: „Oh, diese neue Eiskiste passt genau auf meinen Platz, meine Alte ist schon ziemlich verlebt. Nehme ich!"

Sicher werden wir gut miteinander auskommen. Mit meiner alten Eiskiste verband mich auch eine langjährige symbiotische Beziehung. Ich bekam gekühlte Proben, die Eiskiste wiederum bekam ein längeres Leben und ein hübsches Design.

Und deshalb schließe ich hier: Ich will meine neue Kiste individuell gestalten. Mein Terrain markieren.

Erklärung für Nichtbiowissenschaftler:

- Die niedrige Temperatur zwischen den Eisflocken hemmt Proteasen, DNAsen und RNAsen. Kurz, sämtliche verderblichen Enzyme, die unser Arbeitsmaterial wie DNA, RNA und Proteine gegen unseren Willen anknabbern wollen.
- Saccharosegradienten bestehen aus übereinandergeschichteten unterschiedlich konzentrierten Zuckerlösungen. Füllen Sie z.B. Himbeer- oder Waldmeistersirup oder eine andere stark zuckerhaltige Lösung in ein schmales Glas und schichten Sie vorsichtig esslöffelweise Wasser darüber. Aufgrund ihrer unterschiedlichen Dichten werden sich die Flüssigkeiten nicht vermischen. Wir verwenden Gradienten zur Auftrennung der Bestandteile eines Gemisches anhand ihrer Größe (z.B. kaputte und intakte Chloroplasten in einer Mischung aus zerhäckselten Erbsenblättern)

Spitzen-Meditation

Spitzenstecken ist wie Rosenkohl.

Entweder man liebt es oder man verabscheut es aus tiefstem Herzen. Eine Grauzone gibt es selten.

Das Wiederauffüllen leerer Spitzenboxen zählt bei vielen Kollegen im Laboralltag zu den ungeliebtesten Aufgaben, die solange aufgeschoben wird, bis auch die allerletzte Spitze verbraucht ist. Danach schnorrt man sich durch das halbe Labor, und erst dann greift man selbst zum Spitzenbeutel.

Ich mag Spitzenstecken!

Es ist eine wunderbar repetitive, monotone, selbsterklärende Tätigkeit.

Anders als z.B. qPCRs, bei denen man sich jedes Mal einen Knoten ins Hirn konzentriert, um nur ja keine einzige Probe oder Kontrolle zu vergessen, denn dann kann man eigentlich gleich den gesamten Ansatz verwerfen und von vorne beginnen. Spitzenstecken dagegen gehört zu den geistig anspruchslosesten Tätigkeiten im Labor.

Beim Spitzenstecken denke ich an anstehende oder auszuwertende Experimente, Makrameemuster für Blumenampeln, die Flugrouten der Weißkopfruderente oder die letzten Intrigen in der Seifenoper „Blaue Blumen". Kurz gesagt, ich denke über vieles nach, nur nicht übers Spitzenstecken.

Muss ich auch nicht.

Wenn die Box voll ist, merke ich das, und wenn ich mal ein Loch vergesse, stecke ich es eben später. Völlig einerlei.

Eine nachgerade meditative Tätigkeit: Greifen, zielen, versenken. Greifen, zielen, versenken.

Man kann sich dabei in eine derartige Selbstvergessenheit hineinsteigern, dass man nach der letzten Box geradezu erfrischt aus den Untiefen seines Geistes auftaucht, nicht selten mit neuen Ideen.

Spitzenstecken ist also quasi die Meditation des Laboralltags. Zwar kenne ich keinen, der dabei Ooommm macht, aber das steht natürlich jedem frei.

Es bedarf auch keinerlei Vorbereitung. Meine allermeisten Experimente muss ich planen. Impfe ich die Kultur am Vortag oder in der Vorwoche an? Brauche ich ein allgemeines Gerät, das es zu reservieren gilt? Wieviel Puffer muss ich ansetzen? Und so weiter.

Fürs Spitzenstecken muss ich nur kalkulieren, wieviel Beutel welcher Spitzengröße ich in etwa brauche, und wenn ich mich dabei verschätze, passiert auch nichts Schlimmes.

Das Ergebnis ist immer reproduzierbar und sofort mit bloßem Auge sichtbar. Ich muss keine Proben nehmen und kein Gel beladen, keine Messdaten in den Computer eintippen oder ein Mikroskop bemühen, ich muss nur hingucken! Ich muss nichts tarieren, runterladen, kalibrieren, hochfahren, aktualisieren oder jemanden fragen, wie es funktioniert.

So einfach, so unkompliziert.

Man kann auch nach einem Tag harter Arbeit noch Spitzen stecken, ja, man sollte es sogar. Als Cool Down oder zum Trost. Denn ist der Tag auch noch so enttäuschend gewesen, Spitzenstecken gelingt immer! Dann hat man zu guter Letzt doch etwas geschafft, und schon ist der Tag wieder ein bisschen schöner.

<u>Erklärung für Nichtbiowissenschaftler:</u>

Die Spitzen, um die es hier geht, sind genormte Plastikspitzen, die wir auf unsere Pipetten setzen, bevor wir etwas pipettieren. Damit man nicht alles mit allem vermischt, wird die Spitze nach jedem Pipettiervorgang abgeworfen, daher verbraucht man im Laufe des Tages etliche davon. Sobald man alle Boxen geleert hat, muss man sie mit den lose im Beutel gekauften Spitzen wieder auffüllen.

In der freien Wirtschaft hingegen werden zumeist fertig gesteckte Boxen gekauft. Die sind zwar teurer als die losen Spitzen, aber billiger, als die fürs Stecken benötigte Arbeitszeit.

Gar nicht trivial

Als ich aus der Mittagspause zurückkomme, stehen zwei Haustechniker bei uns im Labor. Unsere Techniker sind sehr rührig. Müssen sie auch sein, denn die Uni ist groß. Ständig geht irgendwo irgendwas kaputt, muss installiert oder gewartet werden. So auch diesmal.

„Wir möchten Ihre Digestorien warten", verkündet der ältere Techniker.

Bitte? Was ist denn das nun wieder?

So schnell es mit Mittagessen im Magen eben geht, durchsuche ich meinen Wortschatz nach ähnlichen Wörtern, die mir einen Hinweis auf die Lösung dieses Rätsels geben könnten. Degustation, digital, Desintegrator, Digestif. Letzteres passt ganz gut, vielleicht meinen die beiden unsere Sicherheitsschränke für Alkohole bzw. entzündliche Stoffe?

„Sie wollen unsere Sicherheitsschränke warten?" Er nickt, ich freue mich. Allerdings nur kurz.

„Die Sicherheitsschränke und die Digestorien."

Verflixt, offenbar sind das zwei Paar Schuhe. Mit der Endung –ien wird im lateinischen der Plural gebildet, also besitzen wir offenbar mehr als ein Digestorium. Ich durchstöbere im Geiste unseren Gerätepark. In Singular und Plural. Kein Treffer. Zwei Jahre Berufsschule und fast 20 Jahre Berufserfahrung und dann sowas. Hoffentlich erfährt das keiner.

„Was ist das, bitte?", räume ich meine Unwissenheit ein.

„Na, das hier" Er zeigt auf unseren Abzug.

„Das ist ein Abzug"

„Ein Digestorium!"

Plötzlich erinnere ich mich, dass ich diese Bezeichnung doch schon mal gehört habe. Bei einer meiner ersten Brandschutzunterweisungen an der Uni Frankfurt hielt der Kursleiter uns dazu an, im Brandfall vor dem Verlassen des Labores, wenn möglich, die Digestorien abzuschalten. Schon damals hat eine Kursteilnehmerin die Bedeutung dieses Wortes nachgefragt, möglicherweise sogar ich selbst. Offenbar hat der Kursleiter anschließend seine Wortwahl der modernen Labornomenklatur angepasst, denn in den Unterweisungen der letzten Jahre war stets nur noch von ‚Abzügen' die Rede und so ist die Bezeichnung ‚Digestorium' aus meinem Gedächtnis entschwunden. Schuldbewusst schaue ich auf den Abzug…äh das Digestorium. Da arbeitet man jahrelang zusammen, er hält einem alle möglichen giftigen Dämpfe, Stäube und andere Unbill vom oder besser aus dem Hals und zum Dank verballhornen wir seinen klangvollen Namen. Als wohne man neben dem Freiherr Eduard Mondstein vom tiefen Seegrund und nennt ihn Eddi.

Allerdings haben Graf und Laborgerät eines gemeinsam: Ihre melodiösen Namen eignen sich ebenso wenig für den täglichen Sprachgebrauch wie manche Chemikaliennamen wie z.B. Tris(hydroxymethyl)aminomethan. Deswegen nennen wir die Chemikalie TRIS und darum wird aus einem Digestorium ein Abzug. Nicht aus Respektlosigkeit, sondern aus Pragmatismus. Abzug ist also quasi ein Kosename, und den gibt man nur Personen, oder eben Geräten, die einem wichtig sind. Darauf einen Digestif!

Fette Spannung

Sitze vor dem Abzug und starre hinein.

Dort drinnen tobt mehr Spannung als in so manchem Fernsehkrimi. Obgleich die Handlung nicht gerade übermäßig actiongeladen ist. Keine spektakulären, explosionsträchtigen Synthesen, sondern die Pilotfolge meiner neuesten Produktion mit dem Titel „Die Trennung der Lipide" aus dem Genre „Dünnschichtchromatographie." In den Hauptrollen: Lipidproben von meinen Cyanobakterien.

Was mich so fesselt, ist also im Grunde nichts als eine grünbraune Linie, die in einem Glaskasten unter dem Abzug eine quadratische, weiße Platte empor kriecht.

Dünnschichtchromatografie (DC) habe ich zuletzt in der Berufsschule gemacht. Damals bekamen wir eine Filmdose (ja, die gab es damals noch!) mit einem geheimnisvollen Dreierlei aus Streichfetten oder Ölen mit der Anweisung überreicht: „Finden Sie heraus, um welche Fette es sich handelt." Dafür mussten wir das Ergebnis unserer DC mit den archivierten Chromatogrammen diverser Fette und Öle abgleichen. Wie einen Fingerabdruck im Krimi.

Hinter der Abzugsscheibe arbeitet sich die grünbraune Lauffront unermüdlich weiter die Platte hoch. Da ich nebenher andere Aufgaben erledige, kann ich nicht jede Minute vor der Scheibe kleben, werfe aber im Vorbeigehen immer wieder einen Blick in den Abzug.

Es klappt und ist sogar spannender als damals in der Berufsschule, obwohl, oder grade weil, ich diesmal ganz genau weiß, aus welchem Organismus das analysierte Lipidgemisch gewonnen wurde, schließlich habe ich diese Arbeit selbst gemacht. Habe eigenhändig das Gemisch aus Lösungsmitteln auf meine kleinen Schützlinge pipettiert und die so aus ihnen gewonnenen Lipide im Argonstrom getrocknet.

Heute geht es auch gar nicht um die Art der in meiner Probe enthaltenen Lipide, sondern deren Zusammensetzung.

Der Reiz des Unbekannten ist demnach hinfällig, dennoch kann ich mich kaum von dem Anblick unter dem Abzug losreißen, wo sich die Pilotfolge von „Trennung der Lipide" ebenso unaufhaltsam ihrem Finale nähert wie die grünbraune Lauffront der Oberkante. Es wird Zeit, die DC-Platte aus dem Lösungsmittel zu nehmen und die weiteren Schritte zur Entwicklung des Chromatogramms einzuleiten.

Welche Fette ich damals in der Berufsschule zugeteilt bekam, weiß ich nicht mehr, ich glaube Leinöl war dabei, aber unmöglich habe ich dem Ergebnis damals ebenso entgegen gefiebert wie heute.

Man baut eine viel intensivere Beziehung zu seinen Proben auf, wenn man ihren Entstehungsprozess miterlebt und sie eigenhändig isoliert hat. Aus Organismen, in deren Anzucht man zuvor vierzehn Tage Arbeit investiert, denen man zwei Wochen beim Wachsen und Reifen assistiert, etwas vorgesungen und sie mit Extranitrat gefüttert hat. Das erzeugt richtig fette Spannung.

<u>Erklärung für Nichtbiowissenschaftler:</u>

Die Dünnschichtchromatografie bezeichnet ein Verfahren zur Trennung verschiedenster Substanzgemische in ihre einzelnen Bestandteile anhand deren unterschiedlicher Ladungen.

Nehmen Sie einen Kaffeefilter und machen Sie in ca. 1,5cm Höhe mit einem z.B. schwarzen Filzstift einen Punkt (oder setzen Sie mehrere Punkte in verschiedenen Farben nebeneinander), anschließend stellen Sie den Filter für ca. 1 Stunde in ein mit 1cm hoch mit Wasser gefülltes Glas. Die sehr schmalen Kanäle im Filterpapier (Kapillaren) saugen das Wasser an, das auf seinem Weg nach oben die einzelnen Farbstoffe aus der Probe löst und sie anhand ihrer Ladungen unterschiedlich weit nach oben transportiert.

Lyrischer Weihnachtsputz

Beim weihnachtlichen Laborgroßputz findet man mitunter Sachen, von denen niemand mehr weiß, wozu sie ursprünglich mal gedacht waren. Kleine Plastikscheiben mit und ohne Loch in der Mitte oder wie missgestaltete Knöpfe aussehende weiße Kappen. Solche rätselhaften Sachen bringt man in den Keller. Vielleicht weiß der nächste Finder in ferner Zeit etwas damit anzufangen. Wir entleeren alte Pufferflaschen, entsorgen auf Oblatenstärke eingetrocknete Agarplatten und fegen in Winkeln, wo seit dem letzten Weihnachtsputz kein Mensch mehr gewesen ist. Erstaunlich, wie viele Spitzen, Eppis und Wollmäuse sich unter den Schränken tummeln. Dabei arbeiten wir gar nicht mit Mäusen oder Wollmäusen, sondern mit Pflanzen und Cyanobakterien.

Immerhin wirkt das Zeug unter den Schränken erstaunlich inspirierend, ich verfasse spontan ein Elfchen (ein Gedicht aus elf Wörtern):

Pipettenspitzen
Leere Boxen
Wollen gefüllt werden.
Oft ungeliebt, aber nötig.
Stecken

Die Suche nach einem Besen treibt mich ins Nachbarlabor, wo es zwischen mir und einem altgedienten Doktoranden zu folgendem Dialog kommt:
Ich: „Darf ich mir den Besen von euch ausleihen?" In seinen Augen beginnt es schelmisch zu funkeln.
„Ich muss kurz zum Blocksberg", setze ich rasch hinzu.
 Er: „Das wollte ich gerade sagen."

Ich: „Ich weiß, darum habe ich es auch zuerst gesagt."
Diesen Witz bringt er seit zwei Jahren.

Nach dem Fegen fülle ich einen Eimer mit lauwarmem Wasser, füge einen Schluck blaugrünes Putzmittel hinzu, tauche einen Schwamm hinein, wische damit halbherzig über den Rand des Waschbeckens und warte, aber kein muskulöser, kahlköpfiger Mann im weißen T-Shirt erscheint. Seufzend greife ich selbst wieder zum Schwamm.

Was macht man, falls man keine Lust aufs Putzen hat?
Man verfasst einen Haiku (5 Silben-7 Silben-5 Silben):

Labor, Staub, Flecken,
Putzlappen, noch mehr Staub, Schwamm,
lustlos, Küche, Tee.

Besonders eine Reihe blaue Kleckse unter dem Abzug erweist sich als überaus hartnäckig. Ich schrubbe wie einst Lady Macbeth. „Fort verdammter Fleck, fort, sag ich!" Wobei besagte Dame sich von moralischen Unreinheiten reinwaschen wollte, bei uns sind die Flecken wahrhaftig da.

Oder hat einer meiner Kollegen hier seine künstlerische blaue Periode ausgelebt? Sollte ich das überhaupt wegputzen?

Sicherheitshalber stelle ich augenblicklich jegliche Putztätigkeit ein und mache erstmal Pause. Wäre doch tragisch, wenn ich in meinem Putzwahn ein Kunstwerk zerstöre.

Zum Jahresabschluss noch ein weihnachtliches Uni-Akrostichon, oder ein universitäres Weihnachts-Akrostichon:

Forschung ruht fakultätsübergreifend
Rund um den Campus
Ohne Bedauern
Hörsäle sind verwaist
Es naht die stille Zeit
Studien können warten
Feiertage sind gekommen
Enten braten im Ofen
Schnee fällt auf alle Dächer
Taumelnder Flockentanz

Und hier noch ein paar Labor-Bauernregeln:

Rutschen Wirbel hin und her,
war der Rotor wohl zu schwer.

Sind die Pflanzen tot und müd',
ist dies auch ein Phänotyp.

Ist das TRIS mal wieder leer,
fällt das Puffer machen schwer.

Tarierst du deine Proben schlecht,
rückt die Unwucht das zurecht.

Trifft Ellbogen auf Notausknopf,
macht es bald schon: tropf, tropf, tropf.

Tierisches

Keine Sorge, da wir ein Labor für botanische Grundlagenforschung sind, reine Blümchenforscher also, folgt jetzt kein Kapitel über grausame Tierversuche. Vielmehr handelt es sich um Texte mit tierischen Hauptakteuren, die sich rund um Labor und Campus herumgetrieben haben. Warum Enten dabei von allen Tieren am häufigsten auftreten, weiß ich immer noch nicht.

Kommen zwei Vögel geflogen

Freitagmorgen gegen 8:00 Uhr steckt meine Kollegin den Kopf zur Tür herein. „Hast du einen Moment Zeit? Ich muss dir was Komisches zeigen!"

Was sie mir durch das Sichtfenster der Feuertür zeigt, ist auf den ersten Blick ziemlich profan. Eine Taube. Eine Ringeltaube, die reglos in einer Ecke unserer Feuertreppe kauert.

„Ist sie tot?" stelle ich die naheliegende Frage.

Die Taube hebt den Kopf.

„Glaube ich nicht", antwortet meine Kollegin.

Unter dem Bauch des Vogels ragen ein paar verquere Zweige hervor. Liebevoll verästelt und fest in die Maschen des Feuertreppenbodens verkeilt.

„Baut die da etwa ein Nest?"

Meine Frage wird umgehend durch eine zweite Ringeltaube beantwortet, die mit einem weiteren Zweiglein im Schnabel zur Landung ansetzt. Sie überreicht ihn der anderen und hebt gleich wieder ab.

„Sieht so aus."

Jetzt ist es eindeutig. Familiengründung vor unserer Tür zur Feuertreppe.

Faszinierend. Der regelmäßige Publikumsverkehr hinter der Scheibe und auf dem Erdboden darunter hält die Tauben nicht vom Brüten auf unserer Feuertreppe ab. Wer gewöhnlich in hoch frequentierten Parks und Gärten brütet, sieht das wohl nicht so eng.

„Die können da doch nicht bleiben. Was machen wir wenn's brennt?", bringt mich meine Kollegin wieder auf die aktuelle Problematik zurück.

„Wenn es brennt, haben wir wahrscheinlich andere Sorgen als brütende Vögel", wende ich ein. Jetzt brennt es aber gerade nicht, und keine von uns beiden will die Vögel aus feuerschutztechnischen Gründen verscheuchen. Diese Einigkeit gilt allerdings nicht für das ganze Kollegium. Die Arbeitsgruppe ist in zwei Fraktionen gespalten.

„Die Vögel haben uns erwählt. Sie vertrauen uns. Vielleicht wurde ihr altes Nest zerstört, und sie planen bei uns einen Neuanfang. Ein neues kleines Familienglück auf unserer Feuertreppe", säuselt die romantisch verklärte Fraktion.

„Gute Güte, es sind Ringeltauben. Die sind nicht gerade vom Aussterben bedroht", konstatieren die Realisten.

Unser Professor jedenfalls hat ein Herz für die Vögel. Eine Stunde später klebt innen an der Feuertür ein von ihm persönlich unterzeichneter Zettel: *Bitte nicht an die Scheibe klopfen, wir brüten!*

Naja, ich persönlich brüte zwar nicht, trotzdem eine rührende Geste.

Der Zettel wird streng befolgt. An die Scheibe klopfen sehe ich keinen, allerdings ist das Nest keine drei Stunden später komplett verschwunden. Die Tauben auch.

Jemand hat nicht nur die Vögel vertrieben, sondern auch dafür gesorgt, dass sie nicht zurückkommen.

Da hat er allerdings den Starrsinn der Vögel unterschätzt.

In Lauf der Woche starten die beiden immer wieder neue Brutversuche. Vergeblich. Kreuzen sich mehr als zwei Zweige, schlägt der anonyme Nesträuber gnadenlos zu.

Obwohl dadurch unser unverstellter Fluchtweg im Brandfall gewährleistet bleibt, führen die andauernden Zwangsräumungen im Kollegium zu ähnlich kontroversen Diskussionen wie zuvor das gesamte Brutvorhaben. Eine Kurzfassung:

„Doofe Viecher! Die kapieren es einfach nicht."

„Wieso? Wie oft wiederholen wir ein Experiment, obgleich wenig Aussicht auf Erfolg besteht?"

„Das ist was anderes."

War es das? Ich bin mir da nicht sicher. Offenbaren sich hier nicht ungeahnte Parallelen zwischen den Vögeln und uns? Nicht nur in Bezug auf die wissenschaftliche Arbeit, sondern aufs ganze Leben?

Steckt nicht in jedem Menschen etwas, das ihn an den noch so unwahrscheinlichen Erfolg glauben und es ihn allen Rückschlägen zum Trotz immer wieder aufs Neue versuchen lässt? Verdanken wir der Ringeltaubenmentalität mancher Menschen nicht einige der größten Erfindungen der Menschheit?

Oder anders ausgedrückt: Sind wir nicht alle ein bisschen Ringeltaube?

Alle meine entchen

Mitunter begegnet einem die Inspiration dort, wo man sie am wenigstens erwartet. So erging es mir, als meine Augen bei der Lektüre des neuesten Laborjournals über eine Stellenanzeige stolperten.

Das Klinikum rechts der Isar, kurz MRI, suchte eine TA für seine neurologische Abteilung. Das eigentlich Verblüffende war nicht etwa die Anzeige, sondern deren vierte Zeile, die aus unerfindlichen Gründen fast vollständig fehlte. Der übrige Text ergab folgenden Satz: „Jährlich profitieren enten von der ambulanten Betreuung".

Handelte es sich dabei um eine verdruckte Zeile?

Mitnichten. Auf laborjournal.de fand ich dieselbe Anzeige mit exakt gleichlautender, den enten ambulante Betreuung am MRI verheißendem Wortlaut.

Deaktivieren wir für einen Moment unser geistiges Autokorrekturprogramm und erfreuen uns dieses wunderschönen Bildes.

Was für eine sympathische Geste des Klinikums, sich in Zeiten wie diesen, wo die meisten Kliniken nicht nur um das Leben der Patienten, sondern auch um ihr eigenes ringen, sich zusätzlich die Last um das Wohlergehen von enten aufzubürden.

Noch dazu in so patientennaher Lage.

Gewiss leben rechts der Isar nicht wenige enten, und vielleicht macht das Klinikum für enten, die auf der anderen Flussseite beheimatet sind, eine Ausnahme.

Ich stelle mir vor, wie eine nicht abreißende Kette versehrter enten von rechts der Isar durch die Eingangstür watschelt, enten von links der Isar dürfen den Hubschrauberlandeplatz auf dem Dach nutzen.

In seinem Inneren hält das Klinikum spezielle Räume für die gefiederten Patienten bereit, ausgestattet mit großen, isarwassergefüllten Becken. Tagtäglich kümmern sich Gründel-, Schwimm-, und Quaktherapeuten um die durch Spaziergänger, Hund oder Hecht traumatisierten Vögel.

In den Quarantänebecken leisten Quietscheentchen den einsamen Quarantäneenten Gesellschaft, und ein Trupp von Mitarbeitern ist täglich im Gründel- Einsatz, um die optimale Nahrungsversorgung der Patienten zu sichern. Bestimmt erhält das Klinikum auf diese Stellenanzeige die doppelte Menge der sonst üblichen Anzahl an Bewerbungen. Wer möchte nicht gerne in einer derart entenfreundlichen Klinik arbeiten?

Nur für Menschen, die an Anatidaephobie, der Angst, von einer Ente beobachtet zu werden, leiden, dürfte dieser Job weniger geeignet sein.

Rise of Spider-Woman

In einer der letzten Herbstwochen des vergangenen Jahres wehte ein Hauch von Hollywood durch unser Labor. Alles begann damit, dass meine Kollegin von einer Spinne gebissen wurde.

Wobei ‚gebissen' nicht ganz der richtige Ausdruck ist. ‚Gezwickt' trifft es eher.

Das Tierchen hatte sie, wohl auf der Suche nach Gesellschaft und Abenteuer, aus dem Gewächshaus ins Labor begleitet, wo es sich an einem seidenen Faden von ihrer Brille abseilte. Meine durch die Bewegung in ihrem seitlichen Blickfeld irritierte Kollegin versuchte das baumelnde Etwas weg zu wischen, gleich darauf zuckte sie zusammen und sank auf den nächstbesten Stuhl.

„Sie hat mich gebissen!" Paralysiert vor Entsetzen starrte sie die Arachnide an, die, von ihrem klaustrophobischen Erlebnis zwischen Hand und Hals verstört, auf dem Tisch umherkrabbelte.

Eine Doktorandin und ich eilten herbei, um dem unschuldigen Opfer, also unserer Kollegin, beizustehen. Ich fing das kaum 1cm messende Tier in einem Becherglässchen ein. „Für alle Fälle", erklärte ich. „Falls du gleich kollabierst, wissen die Ärzte im Krankenhaus, welches Antiserum sie dir injizieren müssen." Sie bedachte mich mit einem giftigen Blick.

Die Doktorandin und ich begutachteten den Hals der Kollegin, auf dem sich mit etwas Phantasie zwei winzige Druckstellen zeigten.

„Sieht nicht lebensbedrohlich aus", konstatierte ich.

Der Banknachbar des Opfers war da nicht so sicher.

„Wir könnten den Biss aufschneiden und aussaugen", brüllte er quer durchs Labor. Spider-Woman war not amused.

Die nächsten Minuten blieb ich tröstend bei ihr sitzen, obwohl sie nach wie vor eine gesunde Gesichtsfarbe hatte und auch sonst keine Anzeichen für einen anaphylaktischen Schock oder dergleichen erkennen ließ. Während unsere Kollegin sich entgegen meiner Prognose in den Gedanken hineinsteigerte, ihr Ende sei nah, dachte ich an Peter Parker, den im Film „Spider-Man" ein ähnliches Schicksal ereilt, woraufhin er sich in eben jenen im Titel genannten Actionheld verwandelt. Ich fragte meine Kollegin allerdings nicht, ob sie den Film gesehen hat. Dass ihr möglicherweise zeitnah borstige, schwarze Haare aus Fingerkuppen und Füßen sprießen werden, wollte sie in ihrem Gemütszustand sicher nicht hören.

Zahlt eigentlich die Berufsgenossenschaft, wenn man nach einem im Dienst zugezogenen Spinnenbiss, also definitiv ein Arbeitsunfall, zu Spider-Woman mutiert? Im Geiste entwarf ich stellvertretend für meine versehrte Kollegin schon mal folgenden Brief an die Versicherung:

Sehr geehrte Damen und Herren,
aufgrund eines im Dienst erlittenen Spinnenbisses und meiner daraus resultierenden Verwandlung in Spider-Woman sehe ich mich fortan verpflichtet, die Menschheit zu beschützen und bitte daher um die Zahlung von Übergangsgeld auf unbestimmte Zeit.

Mit freundlichen Grüßen,

Spider-Woman

Soweit kam es dann leider doch nicht.

Statt als mutierte Actionheldin die Menschheit zu schützen, ging meine Kollegin zehn Minuten später ohne Anzeichen einer Verwandlung oder Vergiftung zurück an ihre Arbeit. Also ließ ich die Spinne in der Mittagspause frei.

Am nächsten Tag zog sich ein Kollege im Nachbarlabor an der Abrisskante der verstärkten Alufolie einen Schnitt am Mittelfinger zu. Er machte aber kein großes Drama draus, sondern klebte einfach ein Pflaster drauf.

Ob sich Spider-Woman wohl mit dem Silver Surfer verträgt?

Das Frankfurter Blutorakel

Manchmal bestelle ich wahrhaft gruselige Dinge für unsere Arbeitsgruppe.

Dinge, bei deren Anblick einen ein gewisses Unbehagen beschleicht und von denen man lieber nicht wissen will, wofür der Auftraggeber sie benutzen wird.

Zuletzt waren das pechschwarze lichtundurchlässige Eppis. Diesmal ist es Schafblut. Defibriniertes Schafblut, um genau zu sein.

Eine Woche später wird es geliefert. Neugierig öffne ich den Karton und wickle ein kleines Fläschchen aus dem Polstermaterial. Hoffentlich kommt nicht ausgerechnet jetzt jemand rein, der kein Blut sehen kann, man kann es nämlich sehr deutlich sehen. In einer durchsichtigen Plastikflasche schwappt der dunkelrote Lebenssaft munter vor sich hin.

Bei diesem Anblick muss ich an das Blutwunder von Neapel denken, von dem ich mal gelesen habe. Alljährlich versammeln sich im Mai, September und Dezember zahlreiche Christen im Dom zu Neapel, wo das Blut des heiligen Januarius aufbewahrt wird. Vor dem Altar schwenkt der Erzbischof dann die Monstranz. Verflüssigt sich das Blut in der darin verwahrten Ampulle, gilt dies als gutes Omen.

Plötzlich sehe ich das angelieferte Blut in meinen Händen mit ganz anderen Augen. Ich schwenke die Flasche, das Blut ist sehr flüssig. Verheißt das jetzt eine gute Zeit für unser ganzes Labor oder lediglich für den Ausgang des blutigen Experiments?

Vielleicht sollte man der Fairness halber ein paar Prozente gutes Omen abziehen. Sicher orakelt es sich mit gekauftem, defibriniertem Schafblut nicht so präzise wie mit dem Blut eines Märtyrers, aber ich glaube einfach mal trotzdem an die günstige Voraussage.

Eine Woche später kommt unser buchhaltender Postdoc mit Sorgenfalten auf der Stirn zu mir.

„Wozu bestellst du defibriniertes Blut?"

„Defibriniertes Schafblut", präzisiere ich.

„Wozu bestellst du defibriniertes Schafblut?" Er will es wirklich wissen.

Mir schießt folgende Antwort durch den Kopf:

„Weißt du, wenn man bei Vollmond einen Trank aus dem defibrinierten Blut eines neugeborenen Lämmchens bereitet ..." Verwerfe den Gedanken aber wieder. Erstens haben wir heute Nacht keinen Vollmond, und selbst wenn es so wäre, weiß ich nicht, welcher Herkunft das Schafblut ist, es könnte auch von einem uralten Widder stammen, und zweitens will ich nicht noch Wasser auf die Mühlen seiner Skepsis gießen.

Stattdessen konfrontiere ich ihn mit der wie so oft recht tristen Wahrheit. Wenn er in seinem Alltag noch nicht genug Realität hat, an mir soll es nicht liegen.

„Unsere Bachelor-Studentin will Blutagarplatten gießen. Laut Lektüre braucht sie dafür defibriniertes Schafblut." Er nickt erleichtert und geht zurück zu seinen Rechnungen.

Etwas irritiert blicke ich ihm nach. Was glaubt er denn, was ich Okkultes mit dem Schafblut vorhatte? Blutwurst kochen? Den Hausvampir füttern? Darin baden und Unverwundbarkeit erlangen? Allerdings würden die gekauften 50ml beileibe keine Badewanne oder ein anderes ausreichend großes Behältnis füllen. Obendrein bräuchte ich zum Erlangen der Unverwundbarkeit auch kein Schaf-, sondern Drachenblut, und von „defibriniertem Blut" ist in den mythologischen Schriften schon gar nicht die Rede.

Erklärung für Nichtbiowissenschaftler:

Aus defibriniertem Blut wurde das Protein Fibrin entfernt, welches für die Gerinnung zuständig ist. Folglich bleibt das Blut, wie in unserem Fall, flüssig und kann nach Zugabe von Agar (s.S.82) als Nährboden für hämolytische Mikroorganismen verwendet werden.

Enten im Rücken

Vor gut einem halben Jahr habe ich zwecks mRNA Iso-
lierung meine letzten Arabidopsis geschlachtet. Nun
brauchte ich abermals eines der zarten Pflänzchen. Da
unser altes Gewächshaus derzeit umgebaut wird,
machte ich mich gar nicht erst auf den Weg dorthin. Ich
musste meine Beute anderswo finden. Bloß wo? Ich
durchforstete mein Gedächtnis sowie meine Gruppen-
seminarnotizen, fand aber keine entsprechende Information.

„Wo wachsen zurzeit unsere Arabidopsis?", fragte ich
daraufhin einen pipettierenden Kollegen, der ebenfalls
viel mit dem Grünzeug zu tun hat und es wissen musste.

„Im Biologicum", antwortete er und widmete sich wieder seinem Experiment.

Das Biologicum, eines unserer Nachbargebäude, ist ein
ausgesprochen weitläufiger Bau mit vier obererdigen
Etagen, Kellern und sehr vielen Räumen. Bis ich dort
nach dieser Wegbeschreibung unsere Anzuchtkammer
fand, konnte es sehr spät werden.

„Könntest du das vielleicht noch etwas weiter präzisie-
ren?", bat ich.

„Du gehst zum Haupteingang rein, die erste Treppe
links runter und dann siehst du die Anzuchtkammern
auf der rechten Seite."

Leicht verunsichert schnappte ich mir Anzuchtkammer-
schlüssel sowie die rote Transportkiste und zog los.

Den Haupteingang des Biologicums fand ich tatsächlich
problemlos, schließlich sehe ich ihn jeden Tag von meinem Laborfenster aus. Auch „die erste Treppe links"
entdeckte ich rasch. Gleich dahinter stand eine große

Glasvitrine, mit ausgestopften Enten (Kurze Anmerkung in eigener Sache: Ich weiß wirklich nicht, warum in meiner Kolumne regelmäßig Enten vorkommen. Ich mache das weder mit Absicht noch mir besonders viel aus Enten. Wollte ich nur mal klarstellen).

Am Fuß der Treppe sah ich mich um, erblickte aber nichts, was auch nur annähernd nach einer Anzuchtkammer aussah.

Allmählich fühlte ich mich wie eine Schatzsucherin in einem Seeräuberroman, die anhand einer vagen mündlichen Überlieferung die Kiste mit den Goldmünzen suchte.

„Hinter der fünften Palme rechts, 20 Schritte in Richtung Sonnenaufgang, und beim großen Felsen fängst du an zu graben." Leider gibt es im Biologicum keinen großen Felsen. Nicht einmal einen kleinen. Wo bitteschön sollte ich hier also graben?

In die Glasaugen der Enten trat ein mitleidiger Ausdruck, als ich mit leerer Transportkiste wieder aus dem Untergeschoß auftauchte. Zurück am Haupteingang, fragte ich den Pförtner. Der wusste jedoch nichts von irgendwelchen Anzuchtkammern.

Was jetzt? Sollte ich zurück ins Nachbargebäude, rauf ins Labor, meinen Kollegen abermals ausquetschen und dann samt Kiste noch einmal den ganzen Weg hierherlaufen? Darauf hatte ich nun wirklich keine Lust. Aber Trägheit ist nicht nur eine Todsünde, sondern auch eine Triebfeder der Kreativität. Was haben Menschen nicht schon alles erfunden, um sich künftig unliebsame Arbeit zu ersparen? Auch ich überlegte konzentriert, wie ich mir den Weg ersparen könnte.

„Darf ich mal telefonieren?", bat ich den Pförtner. Er musterte mich und meine rote Kiste skeptisch.

„Uni-intern", fügte ich hinzu.

Er schob mir sein Telefon zu.

Ich rief bei meinem erstgefragten Kollegen an. Er ging nicht ran.

Ich rief im Nachbarlabor an. Die Doktorandin am Apparat wusste es nicht mehr genau, immerhin erinnerte sie sich, dass ich auf dem Weg zum Schatz eine Glastür passieren müsste.

Abermals tauchte ich ab unter die Enten. Das erleben diese Vögel zu Lebezeiten bestimmt selten.

Am Fuß der Treppe befanden sich nicht eine, sondern gleich sechs Glastüren. Wieder so ein nebulöser Hinweis.

Hoffentlich muss keiner meiner befragten Kollegen jemals eine Schatzkarte verfassen. Mit solchen Wegbeschreibungen finden die ihre Goldmünzen doch niemals wieder.

Es wurde Zeit, den Dingen ins Gesicht zu sehen. Alleine würde ich den botanischen Schatz nie finden.

Der Pförtner guckte wie die Enten kurz zuvor und schob mir wortlos sein Telefon zu.

Die Kollegin, die ich diesmal an die Strippe bekam, konnte mir den Weg zwar nicht am Telefon beschreiben, kam aber gleich darauf vom Labor herüber, um es mir vor Ort zu zeigen. Die Gute.

Und siehe da, sie nahm nicht die erste Treppe links unter der Entenvitrine hindurch, sondern die zweite Treppe. Die zugehörige Vitrine barg keine ausgestopften Vögel, sondern diverse Schädel, Knochen sowie das vollständige Skelett eines Faultieres.

Anschließend passierten wir tatsächlich eine Anzahl Glastüren. Allerdings nicht eine, sondern fünf, hinter denen wir tatsächlich unsere einstweilige Anzuchtkammer vorfanden.

Anders ausgedrückt:

„Die Enten im Rücken,
rechts unterm Gebein.
Hinterm fünften Kristalltor,
der Schatz harret dein."

Hätten meine Kollegen doch gleich sagen können. Darauf 'ne Buddel Rum, johoho!

Das spektakuläre Einhorn

Zu Jahresende, wenn Unternehmen und Banken ihren Jahresabschluss haben, gibt es bei uns Sicherheitsunterweisungen. Damit keiner vergisst, wie Labor geht. Dieses Jahr notgedrungen per Videokonferenzen.

Unsere laboreigene S1-Belehrung verlief für mich folgenlos. Da saß ich im Labor, vor mir mein Laptop, hinter mir ein paar ordentlich aufgehängte Laborkittel. Weil die S1-Bereiche der Uni offenbar sehr verschieden sind, folgten in den nächsten Tagen noch weitere offizielle Videokonferenzen.

Die Belehrung für den Bereich, in dem die Enzym-Minibar steht, verfolge ich zwei Tage später von unserem kleinen Schreibbüro aus, wo ich gemütlich vor Regalen voller Aktenordnern sitze. Dachte ich.

Bei meiner Rückkehr ins Labor begrüßt mich meine Kollegin kichernd.

"Hihi, du warst lustig", gluckst sie. Ich schweige verständnislos.

"Hast du nicht gesehen, was hinter dir stand?"

"Regale?"

"Das Einhorn!", prustet sie los.

Jetzt begreife ich.

Anlässlich der Promotionsparade meiner Backbordkollegin vorletztes Jahr haben wir aus weißem Pappkarton ein Einhorn gebastelt. Mit Schweif und blaurosa Mähne auf beiden Seiten. In der Mitte haben wir eine Öffnung in den Karton geschnitten, damit die frisch gebackene Frau Doktor einsteigen und darin laufen konnte. Ein Einsitzeinhorn sozusagen.

Mit durchschlagender Ausstrahlung. Sämtliche Köpfe auf dem Campus drehten sich während der Parade nach Frau Doktor auf oder besser in ihrem Einhorn um. Dieses fabelhafte, tierische Kunstwerk verwahren wir seit seinem großen Auftritt auf einem Schrank in unserem Pausenraum. Dachte ich.

Einer meiner Kollegen hat es wohl am großen Putztag letzte Woche ins Schreibbüro geritten, neben die Aktenordner ins Regal gestellt, und ich habe ihm dann unbeabsichtigt zu einem spektakulären Comeback verholfen. Bei Videokonferenzen soll man ja darauf achten, dass man sich ordentlich anzieht und nicht vor einem lebensgroßen Dolly-Buster-Poster Platz nimmt. Da ich aber nicht zuhause, sondern im Büro saß, habe ich wohl nicht richtig hingeguckt. Wer rechnet schon mit Einhörnern im Regal?

Mein fabelhafter Bildhintergrund ist nicht bloß dieser einen Kollegin aufgefallen. Mehrere der rund 70 Kollegen, die an der Videokonferenz teilgenommen haben, sprechen mich darauf an. Dabei haben das Einhorn und ich nichts weiter getan, als still und friedlich vor dem Laptop zu sitzen. Wir haben weder mit Regenbögen noch mit Sternenstaub geschmissen und waren ordentlich angezogen.

Auf meine einhornlose Videokonferenzteilnahme zwei Tage zuvor hat mich kein einziger Kollege angesprochen. Nimmt man diese gegen Null tendierende Resonanz als Vergleichswert, muss die spektakuläre Wirkung meiner heutigen Videokonferenzteilnahme wohl auf das Einhorn zurückzuführen sein.

Ob analog oder digital, unser Einhorn ist halt eine echte Rampensau.

Werdegang und Wirrnisse meines TA-Lebens (Essay 2015)

Eine Uhrmacherin arbeitet an Chronometern, eine Tischlerin verarbeitet Holz, und eine Ärztin widmet sich der Genesung ihrer Patienten.

Diese drei wahllos herausgegriffenen Beispielberufe sind hinlänglich bekannt. Die allermeisten Menschen können sich etwas darunter vorstellen. Mit „chemisch-biologisch-technischer Assistentin" dagegen können zumeist nur Biowissenschaftler, Chemiker und vielleicht noch Mediziner etwas anfangen. Dabei ist die Berufsbezeichnung absolut eindeutig formuliert, nur eben nicht wirklich greifbar, verbirgt allerdings ein mannigfaltiges Berufsbild.

Seit nunmehr 13 Jahren arbeite ich als Technische Assistentin und habe meine Berufswahl nur selten bereut. Lediglich an ganz blöden Tagen, wenn die Ergebnisse meiner Versuche so schlecht sind, dass man postwendend Aktien von mir kaufen möchte, frage ich mich: Warum bin ich nicht Prinzessin geworden?

Meine TA Karriere begann 2002 etwa 50 km nördlich von München in Freising. Auf einer Stelle, für die ich nicht im Mindesten qualifiziert war. Als frisch ausgebildete CBTA hatte ich keine Ahnung von Saatgutvermehrung, noch nie etwas von Wurzelwachstumsanalyse gehört und vom Bonitieren, der fachgerechten Erhebung von Pflanzenmerkmalen (ohne landwirtschaftliche Komponente nennt man das wohl Phänotypisierung), wusste ich schon gar nichts.

Warum ich die Stelle dennoch angenommen habe?

Weil in meinem Heimatort Berlin damals trotz zahlreicher Bewerbungen für eine unerfahrene Berufsschulabgängerin nichts zu bekommen war. Die wirtschaftlichen Unternehmen wollten berufserfahrene TA unter 30. Bedingungen, von denen ich nur die Hälfte erfüllte. Berufserfahren war ja gerade das, was ich dort werden wollte. Über die mit öffentlichen Geldern finanzierten Forschungseinrichtungen und Lehranstalten wiederum war wegen Geldmangels der Einstellungsstopp verhängt.

Also verließ ich meine alte Heimat und emigrierte nach Bayern.

Ein Jahr später machte ich Bekanntschaft mit einem verbreiteten Nachteil meines Berufes. Meine befristete Stelle lief aus, ich musste mir etwas Neues suchen.

Tollkühn bewarb ich mich nicht nur an anderen Universitäten, sondern auch bei einigen chemischen oder biologischen Unternehmen. Eins davon lud mich tatsächlich zum Vorstellungsgespräch ein.

„Können Sie sich nach EINEM Jahr an der Universität denn noch vorstellen, in die Wirtschaft zu wechseln?", eröffnete der Personaler das Gespräch.

„Ja, das kann ich!", antwortete ich. Das „sonst säße ich wohl kaum hier", verkniff ich mir. Möglicherweise konnte der Personaler aber Gedanken lesen, jedenfalls bekam ich die Stelle nicht. Oder glaubte er, den Pesthauch des einjährigen universitären Schlendrians zu wittern? Was dachte der gute Mann denn, was man da für ein zwangloses Arbeitsleben führt? Ich war das ganze Jahr nie zu spät gekommen, hatte jede Woche mindestens 42 Stunden gearbeitet, und wenn es nötig war, auch mal zwei Stunden länger im bayrischen Winter bei -20°C auf dem Acker ausgeharrt.

Ernüchtert konzentrierte ich meine Bewerbungen fortan auf Universitäten, und siehe da, schon das nächste Bewerbungsgespräch wurde ein Erfolg. Ich bekam eine Stelle an der LMU München. Ulkigerweise nicht die, auf welche ich mich ursprünglich beworben hatte, sondern bei dem Postdoc, der während des Gesprächs neben dem Professor gesessen hatte und die Nachwuchsgruppe "Biochemie der Pflanzen" leitete.

Die neue Stelle erwies sich glücklicherweise als wesentlich interessanter.

Herr Schleiff, so der Name des Nachwuchsgruppenleiters, stellte sich als ein prima Chef heraus, der mir von Anfang an die unterschiedlichsten Aufgaben übertrug.

Von Klonieren, über Western Blot bis Chloroplastenimport war alles dabei. Sogar einen kurzen Exkurs als Caterer für die Inspektoren der VW- Stiftung, durch die seine Nachwuchsgruppe finanziert wurde, die eine existentielle Begutachtung vornahmen, vertraute er mir an. Die Berufsschule bewarb den Beruf der Technischen Assistentin offensichtlich zu Recht als vielseitig.

Nach drei Jahren gab Herr Schleiff mir schließlich die Chance auf etwas, von dem viele TA nur träumen dürfen: Ein eigenes Projekt. Es dauerte vier Jahre und gipfelte schließlich in einem Erstautorpaper, das 2010 im Journal „Molecular Plant" veröffentlicht wurde.

Während dieser Zeit erreichte Herrn Schleiff der Ruf an die Frankfurter Goethe-Universität, und er köderte mich mit etwas, von dem sicher noch mehr TA träumen: einer Dauerstelle.

So kam ich nach Frankfurt und bin bis heute in Herrn Schleiffs Arbeitsgruppe geblieben.

Sicher, es gibt Wochen oder sogar Monate, in denen ich, neben meinem allgemeinen Tätigkeitsprofil, Bestellungen abschicken, GVO- Abfall autoklavieren, Doktoranden anbrüllen, nichts als eine einzige andere Sache mache. Da ich aber weiß, es kommt wieder etwas Neues, kann ich damit leben. Diese Zuversicht haben nicht alle Berufsgenossen.

Mit Grausen erinnere ich mich an die leuchtenden Augen einer Doktorandin, die von einem Gastaufenthalt in einem Kooperationslabor zurückkehrte und begeistert verkündete: „Die haben da eine Spül-TA!"

Ob die betreffende Person wirklich eine ausgebildete TA oder eine Spülhilfe gewesen war wusste sie nicht. Trotzdem lässt mich allein die „Berufsbezeichnung" schaudern. Hat dieser Mensch tatsächlich zwei oder drei Jahre seines Lebens in eine Ausbildung investiert, nur um jetzt tagtäglich mit einer Plastikwanne durch die Labore zu gehen, benutzte Glaswaren einzusammeln und diese in einer Spülküche zu reinigen?

Ganz abgesehen davon, dass ich es unverantwortlich finde, Bachelor- und Masterstudenten, ebenso wie Doktoranden, schon in dieser Phase ihres Lebens beizubringen, dass sie ihren Dreck nicht selber wegmachen müssen.

Ein anderes Beispiel für nicht artgerechte, monotone Beschäftigung ist eine TA-Freundin, die seit drei Jahren tagein tagaus nichts anderes als Western Blots macht.

Natürlich stellt sich in solchen Fällen die Frage, warum sucht sich die betreffende Person nicht eine neue, abwechslungsreichere Stelle?

Meine Freundin jedenfalls nutzt die Zeit für eine zusätzliche Qualifikation, mit der sich ihr nochmal ganz andere Berufsfelder erschließen sollen.

Wie bereits erwähnt wird der Beruf des Biologisch-Technischen-Assistenten häufig mit seiner Vielseitigkeit beworben. Und das ist er in der Tat. Am größten ist das Spektrum der zur Auswahl stehenden Tätigkeitsfelder natürlich unmittelbar nach dem Examen.

Da steckt das Wissen frisch und abrufbar im Kopf, man ist formbar wie frischer Lehm und gleichzeitig noch bar jeden verderblichen Einflusses, wie dem des angeblichen universitären Schlendrians.

Aufgrund ihrer breitgefächerten Ausbildung werden BTA und CTA nicht nur in der Grundlagenforschung eingesetzt, sondern auch in zahlreichen anderen Fachrichtungen wie Lebensmittelchemie, Kriminaltechnik und Umweltanalytik.

Es stehen einem unzählige Türen offen. Bis auf die, die Berufserfahrung erfordern oder wegen Einstellungsstopps verschlossen bleiben. Etwas von seiner Attraktivität verliert der Beruf jedoch durch die Finanzlage der Hochschulen.

Wie es heute an den Berliner Universitäten aussieht, weiß ich nicht.

Allerdings werden sie, wie alle deutschen Universitäten, aus dem jeweiligen Landhaushalt finanziert, und der Berliner Flughafen lässt erahnen, wie es um den dortigen Haushalt bestellt ist.

Da Landeshaushalte klamm sind, Budgets für Hochschulen gedeckelt sind und Universitäten fast ausschließlich nach einem starren Verteilungsschlüssel, aber selten nach der Qualität der Lehre, Forschung oder anderen Aktivitäten bezahlt werden, müssen viele Hochschulen steigende Kosten wie für Personal, Energie und immer neue Aufgaben aus einem fast gleichbleibendem Etat bestreiten, was dazu führt, dass auch Stellen gestrichen werden. Natürlich werden da eher TA-Stellen als Professuren gestrichen, um im finanziellen Rahmen zu bleiben und zusätzliche Drittmittel einwerben zu können - TA schreiben in der Regel keine Drittmittelanträge.

Bei schlechter Auftragslage darf ein wirtschaftliches Unternehmen seinen Mitarbeitern betriebsbedingt kündigen. Universitäten bleibt diese Möglichkeit aufgrund der derzeitigen Gesetzgebung verwehrt, was man gut finden kann oder auch nicht. Folglich vergibt die Universität natürlich äußerst selten dauerhafte Arbeitsverträge. Wer weiß schon, wie hoch ihre „Auftragslage", der Etat, in fünf oder gar zehn Jahren ausfallen wird?

Aus der zunehmenden Drittmittelabhängigkeit und der damit einhergehenden projektbezogenen Arbeitsverhältnisse ergibt sich noch ein weiteres Problem.

Immer mehr TA hangeln sich von einer befristeten Stelle zur nächsten.

Die bereits erwähnte TA, die ich hier „Western Blot-TA" nennen möchte, wird seit ihrer Einstellung von Einjahresvertrag zu Zweijahresvertrag und wieder zurück verlängert. Noch ein Grund, aus dem sie emsig ihre Zusatzqualifikation anstrebt. So ähnlich aber ganz anders ergeht es dem Mann einer anderen Freundin, beide ebenfalls TA, der seit zehn Jahren von seiner Arbeit gebenden Universität jedes Jahr einen neuen Einjahresvertrag erhält. Er ist jedoch mit diesem Arrangement völlig zufrieden. Er fühlt sich in der Arbeitsgruppe wohl und vertraut der Zusicherung seines Professors, dass auch im nächsten Jahr Geld für seine Verlängerung bereitstehen wird.

Diese Vertrauensbasis in Kombination mit dem dauerhaften Arbeitsvertrag seiner Frau hat den beiden ausreichend soziale Sicherheit gegeben, drei Kinder zu bekommen.

TA, die nicht bereit sind, eine solche soziale Unsicherheit hinzunehmen, bleibt häufig nur der Aufschub ihrer Familienplanung.

Warum also werden nicht mehr Dauerstellen geschaffen?

Werden durch Verrentung oder Arbeitsplatzwechsel vakante Stellen nicht neu besetzt, führt das in der Regel zu deutlicher Mehrarbeit für die verbleibenden Kollegen. Auch bei uns ist das so.

In der Einrichtungsphase hat die Goethe-Universität unserer Arbeitsgruppe vier TA zur Verfügung gestellt, von denen zwei nach Ablauf der Übergangsphase anderen AG zugeordnet wurden. Dadurch habe ich am eigenen Leib erfahren, wie es ist, wenn man Arbeit erst auf vier Personen verteilen kann, und dann auf zwei Personen verteilen muss, denn die Arbeit wird in der Regel nur mehr und nicht weniger. Aber ich kann mich eigentlich nicht beklagen, anderen TA geht es da bedeutend schlechter, so zum Beispiel meiner TA-Freundin, die nach Verrentung ihrer Kollegin sowie einem unmittelbar folgenden Drittmittelauslauf zeitweilig die Arbeit von drei TA alleine machen sollte, zumal sie selbst aus familiären Gründen ihre Arbeitszeit auf 75% reduziert hat. Es war ein hartes Stück Arbeit, ihrem Chef begreiflich zu machen, dass es nicht alleine damit getan war, die 8h Versuche auf 6h zu drücken, etwas schneller zu arbeiten und den organisatorischen Part irgendwo dazwischen zu quetschen.

Natürlich hat die Festanstellung auch Schattenseiten. Als konstante Größe gehören TA früher oder später quasi zum Inventar. Eine Kollegin hier im Haus bekam spaßeshalber sogar ihren eigenen Barcode mit Inventarnummer verliehen. Die Sesshaftigkeit der festangestellten TA wird vor dem Hintergrund des seit der Bologna-Reform besonders stark fluktuierenden Kollegiums umso deutlicher. Früher gab es neben den ebenfalls eher beständigen Doktoranden Diplomanden, die in der Regel ca. 8 Monate pipettierten. Heute gibt es Bachelor und Master. Mit 3 bzw. 6 Monaten Bearbeitungszeit beides recht kurzforschende Laborkollegen, da sie in der vorgegebenen Zeitspanne auch noch die gewonnenen Daten schriftlich niederlegen müssen. Die sind praktisch so schnell wieder aus dem Labor weg, dass man sie glatt verpassen könnte. Für eine derart wechselhafte Belegschaft braucht man ein gutes Namensgedächtnis. Bei mangelnder Kommunikation hilft das allerdings auch nicht mehr weiter. Dann kann es vorkommen, dass man auf dem Flur einen unbekannten Menschen fragt, ob man ihm helfen könne, worauf dieser konsterniert erwidert „Ich bin hier seit zwei Wochen Bachelor".

Trotz aller Widrigkeiten ist der Beruf der CBTA aus meiner Warte empfehlenswert. Biotechnologie und Biowissenschaften gewinnen zunehmend an Bedeutung, und TA werden in sämtlichen Bereichen gebraucht.

Wir sind das Schmiermittel im Laborgetriebe. Wenn wir gute Arbeit leisten, fallen wir kaum weiter auf, aber ohne uns gerät über kurz oder lang alles ins Stocken.

Es gibt auch keine grausamen Initiationsriten. Ich jedenfalls musste keinen Aufguss aus alten Socken trinken oder rohe Leber essen. Ein Kollege in München versuchte mir in meiner ersten Woche dort Ponceaulösung als Rinderblut unterzuschieben, was ich ungefähr eine Minute lang glaubte, das war alles.

Verabschieden muss man sich allerdings von dem Wunschdenken, tagtäglich bahnbrechende Erkenntnisse zu gewinnen. Ein Irrglaube, der meines Erachtens mehr als einen Praktikanten zu uns treibt.

Daher mein Hinweis: Die Grundlagenforschung ist kein Bereich für kurzfristige durchschlagende Erfolge. Man braucht eine hohe Frustrationstoleranz. Es kann durchaus vorkommen, dass Experimente erst beim zehnten oder zwanzigsten Ansatz gelingen. Wenn überhaupt.

Nach 13 Jahren als CBTA glaube ich außerdem nicht mehr daran, immediat auch nur eines der großen Geheimnisse des Universums zu enträtseln. Man gewinnt eher Puzzleteile. Winzige Stückchen des gigantischen Mosaiks der Wissenschaft, welche dann den nächsten Forscher zum nächsten Puzzleteil führen und so weiter. Mit Geduld und Ausdauer ergibt sich irgendwann aus all den Stückchen ein Bild. Eine tiefgreifende Erkenntnis, die die Welt verändern könnte, sofern man sie dann noch reproduzieren kann.

Bildnachweis:

Coverbild: PublicDomainPictures, 214185

Illustrationen:

- Open Clipart-Vectors, 2025834, 576607, 159154, 154214

- qimono, 3656587

- Clker-Free-Vector-Images, 312099, 307400

- Ricinator, 1730994

- Chiplanay, 3282881

- geralt, 2814937

- momentmal, 2476595

- ar130405, 2082642